3

入門・家族社会学

現代的課題との関わりで

Introduction「入門・社会学」シリーズ

山下 亜紀子・吉武 理大 ● 編著

学文社

はじめに

本書は，『入門・社会学』シリーズ５巻のうち，第３巻となる家族社会学の入門書である。本シリーズが５巻にわたっているところにもあらわれるが，社会学は，多くのテーマや分野にまたがっている。そのなかで家族社会学の歴史は古く，例えば社会学の祖とされる A. Conte は，家族は基礎単位であるという位置づけを行っており，社会学の古典的名著を著した É. Durkheim は家族を社会制度として論じている。その歴史の長さとともに膨大な蓄積があるわけだが，本書では，現代社会に生きる学生にとって，役に立つ教科書にしたいと考え，現代の家族を理解することに主眼をおくこととした。特に現代に生きる私たちは，どのような家族のなかで生活しているのか，また生活していくなかでどのような問題を抱えているか，という点にフォーカスしている。この立場から本書の視座は，次の２点にある。

第１は「家族の多様性をとらえる」視座である。家族社会学研究の営為における到達点の一つは，家族の多様性についての議論である。家族研究が多様化している証左として，渡辺秀樹が指摘している事項が，家族研究をあつかう最も著名な雑誌 “*Journal of Marriage and the Family*” のタイトルが “*Journal of Marriage and Family*” へと変更したことである。定冠詞の the をとりのぞいたことで，「結婚，あるいはその他の親密な関係，さらには非常に豊かで広い意味を持つ家族に関わる広範なトピックについての題材を掲載するというミッションをあらわすのに，より相応しい」（渡辺 2013: 7）という理由があったとあげられている。現代家族の理解を目的とする本書も，家族の多様な諸相にアプローチするものである。

第２の視座は，「家族としておかれる苦境や苦難をとらえる」ことにおく。私たちが家族メンバーとして生活するなかでは，様々な困難に見舞われる。家族社会学の領域では，そのような家族として生じる生活問題がテーマになることも多い。例えば生活困窮の問題やケアの問題，性的マイノリティーとしての問題，犯罪加害や被害から生じる問題，自然災害による問題などが，家族として生きる際の様々な苦難として扱われてきた。

ケン・ローチ監督が手掛けた映画「私はダニエル・ブレイク」(2016年）では，現代社会で私たちが家族として生活するなかで立ち現れる苦難や苦境が描かれる。かつて炭鉱で栄えたイギリス北東部の都市ニューカッスルを舞台として，妻を亡くし，心臓の病気を理由に医者から大工の仕事を止められている59歳のダニエルが，ロンドンから引っ越してきたシングルマザーのケイティと2人の子どもの家族に出会うところから物語ははじまる。初老を迎えた一人暮らしの男性とシングルペアレントの家族が，制度的支援のなさや貧しさのなかで，お互い助け合いながらなんとか暮らしを続けるが，苦境はなかなか改善されずに，追い詰められていく様子が描かれる。本作品は，現代の家族生活をテーマにしてきたケン・ローチ監督が，その困難を現実さながらに映し出している。本書は，こうした私たちに立ちはだかる困難や苦境をテーマにした。

本書の各章では，この2つの視座にたって，現代の家族を理解することをめざす。第1章では，日本の家族社会学が展開してきた議論に焦点をおき，「普通」とされる家族があったこと，またそこへの囚われと脱却の方向性があることを論じている。第2章では，現代における育児がどのような地域の共同性によって支えられているかについて，都市地域と農山村地域を対比的に分析している。第3章は，障害児のケアを母親が専従的に担っていること，またそうした母親ケアラーの生活上の苦境を示している。第4章では，ひとり親世帯が直面している貧困などの問題や，親と子どもが家族として経験する大変さが論じられている。第5章では，生殖補助医療技術の登場が，家族形成にとってある種の希望をもたらしていると同時に，家族のとらえ方を複雑化させていたり，家族に関するある種の社会的圧力を映し出したりしているという重要な論点が提示されている。第6章では，性的マイノリティをめぐり現代の家族制度や規範に関してどのような問題があるのか，また性的マイノリティの出自家族との問題や形成する家族の実態についてフォーカスしている。第7章では，災害という大きなリスクに直面したときに現れた「家族のレジリエンス」やそれを支える地域社会のあり方について，広域避難者を事例にみている。第8章は，日本社会の多文化化の進展に鑑みた章であり，日本社会で暮らす外国人の家族形成について，フィリピン人の結婚移民を事例に論じられている。最後に第9章では，アジア社会のなかでも，急速な家族変容がみられる台湾の家族が登場する。いずれも多様な家族の実態，家族が直面する問題や困難が，実証研究とともにリアリティをもって示されている。

最後に本書の刊行にあたっては，伝統的な家族社会学のテキストとは少し趣の異なるテキストとして刊行をご快諾してくださり，また発刊へ向けて支援してくださった学文社の田中千津子代表に心より感謝の意を表したい。また本書の趣旨に賛同し，執筆の労を取ってくださった執筆者の方々にもこの場を借りてお礼を申し上げたい。本書が，今を生きる人々の生活の理解の手助けになったら，幸いである。

2024年2月5日

山下亜紀子・吉武理大

参考文献

渡辺秀樹，2013，「多様性の時代と家族社会学―多様性をめぐる概念の再検討―」『家族社会学研究』25(1): 7-16

目　次

はじめに　1

第1章　家族社会学入門――家族社会学の現代的地平（山下 亜紀子）……9

1　小集団としての家族の変動をとらえる
　：核家族化・小家族化という変化　9

2　村落における家族を把握する：農村社会学の蓄積　12

3　「普通」とされる家族を相対化する：近代家族論の台頭　14

4　多様な家族の軌跡をとらえる：ライフコース論の登場　16

5　当事者の視点から家族をとらえる：主観的家族論の試み　19

6　セクシュアル・マイノリティをめぐる議論が広がる
　：家族をめぐる差別と包摂　21

7　多様な家族を保障する：とらわれからの脱却　22

第2章　地域における子育てと家族
――現代社会における育児の共同性（益田 仁）……29

1　家族と地域の教育機能　29

2　現代における育児の共同性：育児ネットワーク研究の視点　30

3　福岡市における子育て　33

4　徳之島における子育て　40

5　現代における育児の共同化について：地域的な視点から　48

第3章　障害児のケアを行う家族（山下 亜紀子）……51

1　育児支援の網の目からこぼれ落ちる障害児の家族たち　51

2　障害のとらえ方の変化と障害者福祉の進展　52
3　近代家族という頸木からくる家族のケア負担の重さ　54
4　社会から要請される家族によるケア　56
5　発達障害児の母親が送っている生活の実態
：量的分析の結果から　58
6　発達障害児の母親が抱える生活上の問題：質的分析の結果から　61
7　障害児の家族を支える仕組み「ドゥーリア」の必要性　66

第4章　ひとり親世帯をめぐる状況と困難（吉武 理大）……………………71

1　日本におけるひとり親世帯をめぐる状況　71
2　ひとり親世帯と貧困の問題　74
3　ひとり親世帯における子どもの格差　78
4　子どもが経験する家族における困難　81
5　ひとり親の困難　84
6　母子世帯におけるサポートと孤独感の分析　86

第5章　生殖補助医療と家族――その影響と課題（藤田 智子）………91

1　生殖技術と家族　91
2　生殖補助医療の発展と利用の拡大　92
3　生殖補助医療の規制と家族のあり方の問い直し　98
4　生殖に関する自己決定　102
5　生殖補助医療と家族・ジェンダー規範　107

第6章　家族と多様な性（松浦 優）……………………………………………113

1　家族研究にとっての性的マイノリティ　113
2　セクシュアリティやジェンダーに関わる用語について　114
3　性的マジョリティの家族との関係　116

4　性的マイノリティ自身の作る家族
　：友人ネットワーク，役割分担，育児　120
5　法制度をめぐって(1)
　：性同一性障害の性別の取扱いの特例に関する法律　124
6　法制度をめぐって(2)
　：同性婚・同性間パートナーシップ認定制度　125
7　法制度をめぐって(3)
　：婚姻制度そのものの問題　126
8　今後に向けて　129

第7章　震災による移動・移住を経験する家族（速水 聖子）……… 135

1　「大切なもの」でもあり「犯罪の現場」ともなる家族　135
2　personal/impersonal なものとしての家族　137
3　個人化社会のリスクに対する現代家族の役割　139
4　家族戦略と災害下の避難・移動　140
5　東日本大震災による避難・移動生活と家族　141
6　避難の長期化と生活パターンの変化　143
7　避難生活の長期化と家族のレジリエンス　149
8　家族と地域社会の重層性とつながりの再編　151

第8章　外国人の移住と家族
——フィリピン人結婚移民の事例から（高畑 幸）………… 157

1　外国人からみた日本の家族　157
2　移民とその家族を理解するための概念や理論　158
3　在日フィリピン人結婚移民とは　160
4　フィリピン人結婚移民と日本の家族；聞き取り調査から　166
5　むすび：外国人の増加に伴い「日本の家族」はどう変わるか　173

第９章　変容する台湾の家族（荘 秀美）……………………………… 177
1　伝統的家族からの変容　177
2　結婚に関する変化　178
3　家族に関する実態　182
4　家族と育児　185
5　家族と介護　186
6　家族に関わる問題　191

索　引　197

第1章

家族社会学入門
――家族社会学の現代的地平

山下　亜紀子

本書では，現代における多様な家族の実態，また家族が直面する問題や困難をテーマにするが，まず本章では，社会学が，家族をどのように規定してきたのか，ということを考える。なかでも，日本の家族社会学において家族の把握がどのようになされてきたかを概観する。

1 小集団としての家族の変動をとらえる：核家族化・小家族化という変化

戦後日本の家族社会学では，家族形態の変化に着眼点があり，核家族の形態が主流となっていくこと，また家族の規模が小さくなっていくことの2点が，大きな方向性としてとらえられていた。

日本社会の家族を理解するための分析をいち早く行ったのは**戸田貞三**である。家族を理解しようとする研究は，戸田が『家族構成』を刊行した戦前の時期においても盛んに行われており，とりわけ村落の家族をとらえる試みが積極的になされていた。戸田は，このような立場とは異なり，「家族は近親関係にある少数の人々の感情融合に基く（ママ）小集団である」（戸田　1937：165）と規定している。また1920年の第1回国勢調査のデータから，「普通世帯の平均員數又は近親者のみの世帯即ち家族の平均員數は，家父長的家族（大家族）が多いと通常云われて居る我國に於ても，（中略）4.9人又は4.5人と云う甚だ少ない」（戸田　1937：214）数であることを示しており，当時の日本の家族規模がすでに小さかったことを明らかにしている。さらに世代の数によって家族構成の分類を行い，3世代から構成される家族は少数派であり，2世代以下で構成される，いわば核家族の構成が多数派であったことを明らかにしている。戸田の家族理解は，家族を**集団**としてとらえ，その実態を把握しようとするものであり，**小家族**，**核家族**の論点が早くも示されていた。こうした戸田の方向性は，戦後日本の家族研究に引き継がれ，小家族化，核家族化が家族の変化をとらえる時の中心的論点となっていく。

こうして戦後日本の家族社会学の領域では，集団として家族の変化をとらえる研究が主流となるが，日本の家族社会学の旗手であった**森岡清美**の研究を中心に，その動向をみていこう。その前に制度として家族を規定する立場についても触れておく必要がある。森岡は，法律・慣習・道徳など，社会的に承認され支持された規範が，家族における地位，役割などの家族生活を拘束しているといい，このような規範群を**家族制度**と規定している。家族制度は，国家や教会などによる公認部分と，社会的に支持され人びとの意識や行動を拘束している公認外部分の2つの部分が結びついており，また社会による違いだけではなく，同じ社会でも時代とともに変化するものだという[1]（森岡　1972：9-11）。

日本の社会学において，制度として家族を理解しようとするものとしては，上述した村落を対象とした家族研究があり，第2節で取り上げる「**家（イエ）**」についての議論が該当する。「家はかならずしも集団たることを要しない，家族は現存する個人等の横の結合であるが，家はむしろ世代間の関係であり，厳密にいえば家は一つの精神である」（鈴木　1940＝1968：184）と日本の村落研究に貢献した**鈴木栄太郎**が述べているところに準拠しても，「家（イエ）」は制度としてみることが妥当である。また日本における家族変動をとらえる上で，**直系家族制**（stem family system）と**夫婦家族制**（conjugal family system）の2つの類型もよく用いられてきた。森岡は，二つの類型を家族形成の規則に注目して以下のように説明する[2]。

【夫婦家族】

この制度における家族の中核的構成員（一生涯その家族にとどまる）は，夫と妻に限られる。家族は夫婦の結婚によって形成され，その死亡によって消滅する一代限りのものである。（中略）親族は，夫方妻方のどちらにも偏しない双系的な広がりをもち，遺産は原則として子どもの間で均分して相続される。
【直系家族】
この制度における家族の中核的構成員は，夫・妻・あとつぎである子（男子）・その配偶者・つぎの代のあとつぎ予定の孫，あるいは夫（妻）の親に限られる。後継子以外の子の生殖家族は，同居することがあっても長期にわたることはない。（中略）家族は，後継子の生殖家族との同居を世代的にくり返すことにより，直系的に再生産される。親の社会的地位・遺産・祭祀などは後継子によって独占的あるいは優先的に継承され，家族の直系的な世代的再生産の根拠となる。後継子を男子に限るところや，男子を優先するところでは，親族は夫方に偏った構成をとる。（森岡・望月　1983＝2003：13-14）

森岡も日本の直系家族制に「家（イエ）」が該当する立場をとっており，「家長の統率のもとに，家産にもとづいて家業を経営し，非血縁者をあととり養子にしてでも，先祖から子孫へと，世代を超えて家系が存続繁栄をすることに重点をおく制度」と規定している（森岡・望月　1983＝2003：16）。また戦後日本では，理念型的にとらえて，直系家族制から夫婦家族制への変化があったとみる。具体的には，戦後の改正民法によって，父子継承ラインを軸とする家制度は廃止され，同等の権利を保障された夫婦による家族の形成が正当性をもつことになった。また経済成長にともなう労働力の地域移動も，家制度の維持を難しくし，生活保持義務者を主力メンバーとする夫婦制家族の方向へ向かわせた。このように戦後日本においては，理念的要因と経済的要因から直系家族制から夫婦家族制へと変化する制度上の動きがあった（森岡　1993：209-214）。

ここで改めて集団としての家族に目を転じてみると，森岡は，国勢調査における普通世帯の平均世帯規模が，1955年から1975年にいたる20年の間に5.1人から3.8人までに縮小し，小家族化が加速したことを示している（森岡　1993：103）。また核家族の構成をとる世帯比率について，1920年の58.8%から1955年で62.0%と，この間は僅かな伸びにとどまっていたものの，その後は国勢調査が行われるごとに顕著に増加し，20年後の1975年には74.1%に達していることから，「空前絶後の上昇をみた」と述べ，核家族が急速な勢いで日本の家族形態のマジョリティとなったことを示している（森岡　1993：10-14)。戦後の家族社会学の礎を築いた一人である森岡は，戦前に戸田が示した方向性と同じく，戦後に小家族化と核家族化に大きく進んだことを示した。

Practice Problems　練習問題 ▶1

官公庁が発表しているデータを用いて，家族のサイズ（世帯の規模），核家族の比率（核家族の構成をとる世帯が全世帯に占める比率）を調べ，現代の家族形態の実態について明らかにしてみよう。

2 村落における家族を把握する：農村社会学の蓄積

戦前の日本の農村社会学や村落研究では，村落や村における「家（イエ)」を対象として実証的な研究が展開されていた。**鳥越皓之**は，農村社会学や村落研究において明らかにされてきた「家（イエ)」の特徴として次の3つをあげている。第1に，家の財産として農地などの家産を有しており，この家産を基盤にした家業経営を行っている1個の経営体であること，第2に家系上の先人である先祖を祀っていること，第3に世代をこえて直系的に存続し，繁栄することを重視すること，である（鳥越　1985：10-12)。上記のように日本の家族社会学では，農村社会学でとらえてきた「家（イエ)」を，あととり一人が継承し，世代を超えて継承がなされるものとして，日本における直系家族に該当する制度として位置づけてきた。

また経済的状況が厳しく，ひとつの「家（イエ)」単体だけでは農業生産を行っていくことや日々の生活を送ることが難しい状況下では，「家（イエ)」同士が協力しあいながら，農作業や日々の暮らしを維持する戦略をとっていた。換言すると「家（イエ)」同士の協力関係によって生産活動や地域生活を維持することが可能となっていた。「家」同士の関係性について，**有賀喜左衛門**は「家連合」という概念で説明をしている（有賀　1971)。さらに「家（イエ)」同士の結びつきにより最終的に形成されるのが「**村**」である。厳しい時代を生きる人びとにとって，「家（イエ)」や「村」は，人びとの生活や生業を可能にするための共同性やつながりをあらわすものでもあり，日本の農山村地域を通底して特徴づける原理として，明らかにされたものであった。

「家（イエ）」は，明治政府によって制度化されたことで，一律の家族制度として広がり定着する。そもそも明治期以前の日本の家族においては，とくに相続においてさまざまな慣行がみられた。きょうだいの中でも一人のみが相続するという一子相続制では，後に支配的となる長男単独相続制のみでなく，東北地方では長女が相続する姉家督制度が広くみられ，九州の西南地域においては誰が相続するか未定という不定相続や末子相続がみられたことが明らかになっている（内藤　1973）。野々山久也は，明治政府が，そうした多様な相続の制度慣行から，長男単独相続制に統一し，制度化させたことを示している。明治政府によって創設された戸籍制度は，戸主と本籍によって表示される単位としての家と，そこでの地位関係を定め，実質的に直系家族制としての「家（イエ）」制度を確立したという。そこには，すべての国民が戸主を筆頭とした戸籍簿に明記されること，戸主の資格は長男が有していること，戸主は戸主権をもち継承されること，戸主の地位とその権利の継承ならびに家産（家名や家業を含む）の相続（家督相続）は長男単独の権利であること，などの特徴がみられる（野々山　2007：78-79）。こうして明治期以降，「家（イエ）」は，戸籍法や民法といった国の法制度に組み込まれながら，長男相続制を主軸に据えるきわめて家父長制的な家族として制度化され，定着していった。

第2次大戦後は，民主化が進められ，家父長制的な性質をもつ「家（イエ）」は少なくとも法制度上は消えることとなる。まず民法改正により，戸主権や家督相続が廃止された。また農地改革も行われ，地主・小作関係も崩壊した。さらに1960年代の高度成長期以降，若年層の流出に伴い農山村地域は，急激な変貌を遂げる。こうした動向とともに，かつての「家（イエ）」や「村」は解体したという議論が主流となり，少なくとも農山村地域に広く共通する普遍的原理ではなくなっていったといえる。

3 「普通」とされる家族を相対化する：近代家族論の台頭

日本社会が高度経済成長をとげ，豊かさを盤石の体制にした1980年代，「近代家族論」が登場する。制度や形態を中心に家族変動を論じてきた議論とは異なり，それは家族の構造やメンバーの関係性に焦点をおいた立場であった。また当時，私たちにとって，「普通」と考える家族がいつの時代にもあったものではなく，近代社会になって出現した，歴史限定性をもつ家族であるとの説明がなされた点においても着目された。

近代家族とは，近代社会になって出現した家族であり，次のような特徴をもっている。19世紀にヨーロッパで広まった産業革命により，工場で働く労働者が多くみられるようになる。これに伴い人びとの生活空間は，働く場と住まう場にわかれ，前者が公的な領域，後者は私的な領域としてとらえられることとなった。また公的領域で賃金をともなう労働に従事するのは男性である夫，私的領域において無償で家事や育児といった労働に従事するのは女性である妻となり，いわゆる「男性は仕事，女性は家事・育児」という性別役割分業が出現した。さらに親密性や情緒性といった感情に支えられ，子どもを中心とする家族という特徴も帯びていた。夫婦間は，ロマンティック・ラブとよばれる恋愛に基づく感情によって結びつけられる。また従前，家業の働き手であったり奉公に出されていたりしていた子どもは，無垢で弱く，発達過程にあり，愛情を基盤とするケアと教育を必要とする存在であるという観念でとらえられることとなる。この新たな「子ども」観と「子ども時代」があるという認識は，大切に子どもを育てることに対する大人の責任を生じさせた。そこで，私的領域におかれていた女性が「専業母」（宮坂　1988）ともいうべき役割を担うようになったのである。このような近代家族の議論は，P. アリエス（Ariès　1960＝1980）やE. ショーター（1975＝1987）などヨーロッパにおける家族史の研究に基づいている。

日本における近代家族論の嚆矢とされるのは**落合恵美子**の研究である。落合は，日本社会において，専業主婦が多数派となり，合計特殊出生率が約2程度と安定し，近代家族としての特徴が続く1950年代半ばから1970年代半ばにかけての時期を「家族の戦後体制」と名づけている。そこには「女性は主婦で，子どもの数は二人か三人。わたしたちが『ああ，これが家族なんだな』と思い浮かべるような家族の時代」であり，「これこそが『戦後』だという安定した時代」という含意がある（落合　1994＝2019：53-54)。「家族の戦後体制」の特徴は，女性の主婦化，再生産平等主義（みんなが適齢期に結婚し，子どもが2，3人いる家族を作ること)，人口学的移行期（1925～1950年の多産少死の時代に生まれた世代が結婚して家族を作った時期であったこと)，M字型の就業パターン（女性は出産によって仕事をやめ，子育ての手が離れてから再び就職するという労働力の時期的変化）という4つの要素から構成される。こうして落合は，女性が主婦化したのは，実は戦後であったことなどをあげながら，「普通」と思われてきた家族について，時代に限定されるものとして，相対化したのであった[3)]。

このように，ヨーロッパ社会に源流をもつ近代家族は，日本社会でも高度経済成長期に大衆化し，一般的なものとして広まっていく。また落合らによって提出された近代家族論は，昔からある「普通」とされてきた近代家族のあり様を相対化し，とくに女性のケア責任の強いことを疑問視した。さらに日本における近代家族論は，戦後において民主化をめざす中，夫婦家族制を理想としてきた家族社会学への批判的立場としても位置づけられる（牟田　2017)。戦後の家族社会学では，「夫婦と子よりなる『平等で民主的な家族』が人びとの安定的な心のよすが，愛情と幸福の源泉となるはずという理念が暗黙のうちにも共有されていた」(牟田　2017：256)。近代家族は，男女の性別役割分業に基づき，とくに女性に対する抑圧を孕むものとして描かれており，単線的な視点で夫婦家族制をモデルにおいてきた家族社会学の立場を批判した点でも，大きな貢献がある。

実は，近代家族論で明らかにされた性別役割分業や女性のケア責任は，未だに強固に継続している。G. エスピン＝アンデルセンの福祉レジームの議論を継承しながら，生活保障システムとして福祉的課題に対する社会の仕組みを示した大沢真理は，日本は，「男性稼ぎ主」型であり，性別役割分業に基づき，家族における女性が福祉の担い手であることを示している。介護に関しては2000年に始動した介護保険制度によってある程度社会化されたのに対し，とくに育児の領域では依然として女性責任が重くのしかかっているという[4)]（大沢 2007）。

Practice Problems 練習問題 ▶ 2

性別役割分業があらわれている広告やコマーシャルなどを調べ，現代にも残る近代家族の側面について考えてみよう。

4 多様な家族の軌跡をとらえる：ライフコース論の登場

個人の多様な人生の軌跡を把握するために登場したのが，**ライフコース**論である。それまで時間の展開とともに人の「生涯」に焦点をおく立場としては，**ライフサイクル**論が中心的役割を果たしてきた。ライフサイクル論は，家族として人びとが経験する道筋が，ある程度共通し，規則性があることを前提としている。森岡清美は，「夫婦の結婚と死亡，および子どもの出生と成長によってその存続を基本的に規定された生活体である家族には，ライフサイクルとよぶことのできる時間的展開の規則性が，明らかに認められる」（森岡・望月 1983＝2003：66）とし，家族のライフサイクルを**家族周期**として示した。しかし，実際には家族のたどる道筋は多様である。アメリカの家族社会学に学び，上記のような家族のライフサイクル論（家族周期論）をいち早く導入した森岡自身も後に，「結婚，第１子の出生・小学校入学・離家（結婚），末子の出生・離家（結婚），夫の退職・死亡などの出来事に着目して家族発達の段階を刻み，段階移行にともなう役割移行を取り上げるが，出来事が起きる時点（timing）としてはおおむね中央値で代表させ，観察対象の家族群があたかも一斉に人生行路をたどるかのような取り扱いをしたのである」（森岡・青井　1991：2）と，家族が歩む道筋の標準性を前提とするライフサイクル論の限界を示した。そして家族のたどる時間的軌跡の多様性を理解するため，後に森岡が着目したのがライフコース論である。それは「家族自体に発達段階を設定することを斥けるばかりでなく，まず個人の人生行路（pathway）に着目し，諸個人の相互依存のなかに家族の展開をとらえ直そうとする観点」（森岡・望月　1983＝2003：75）である。この議論により「多様な個人の人生行路が掘り出され，そうした個人が夫婦となり，親子となって担う家族関係の動態過程が観察されること」が可能になった。

嶋﨑尚子によると，ライフサイクル論が夫婦や家族がたどる標準的な道筋を想定しているのに対し，ライフコース論は，夫婦や家族の単位ではなく，「個人のライフコースの束として家族過程をとらえる」ものであり，「現実を観察する枠組み」であるという。またライフコース論では，社会変動や歴史的出来事に直面した際の，家族を介した個人の対処などを観察する（嶋﨑　2019：28-29）。1970年代にアメリカで出版され，ライフコース論の先駆的研究となったG. エルダーの『大恐慌の子どもたち』では，大恐慌による経済的剥奪を経験した子どもたちのその後のライフコースが，階層，大恐慌を経験した年齢，またジェンダーによって，異なっていることが明らかにされている。たとえば，父親の失業により，少年は就労をはじめ，一方で少女は家事を手助けするようになる。そして少年の就労経験は，大人として承認してほしいという認識をもち，若い段階で希望した職業に就く傾向がみられ，また余暇活動を価値ある活動と認めず，仕事と家庭生活の下位に位置づけていた（Elder　1974＝2023：109，239-240）。一方，少女も家事役割を担うことで，家庭生活への興味が強くなり，中産階級では早い時期に結婚する傾向があったこと，結婚や第1子出産を契機にほとんどが退職し，家庭内の役割を担っていたことが明らかにされている（Elder　1974＝2023：280）。

次のデータをみてみよう。図1-1は，平均初婚年齢の時代的推移をみたものである。戦争の影響が考えられる1940年を除き，1970年まで，平均初婚年齢は，夫が27歳前後，妻が23歳前後で安定していたことがわかる。それが1980年以降に上昇し始め，2020年では，夫が31.0歳，妻が29.4歳となり，結婚する際の年齢が高くなっている。図1-2は，未婚率の時代的推移を性別，

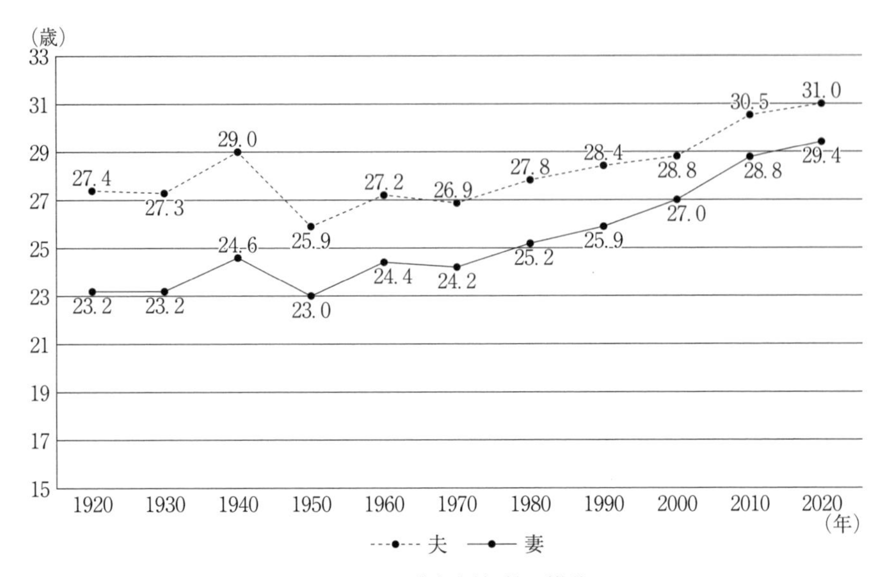

図1-1　平均初婚年齢の推移

出典）内閣府『令和4年版　少子化社会対策白書』より作成

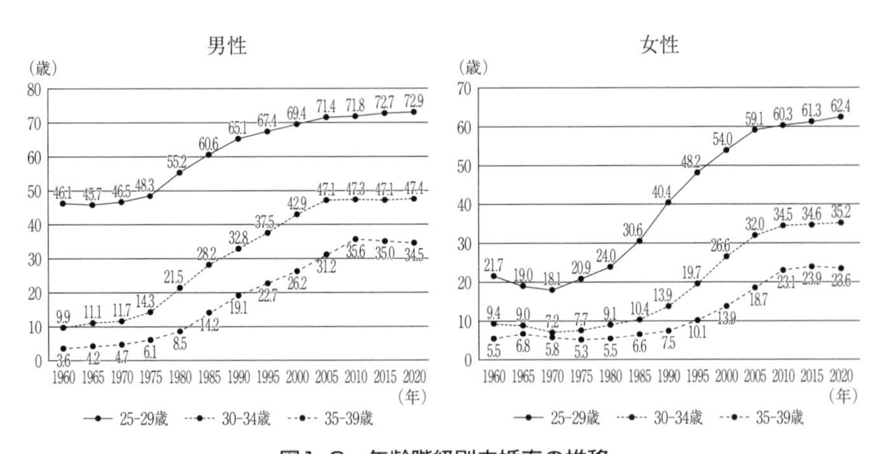

図1-2　年齢階級別未婚率の推移

出典）内閣府『令和4年版　少子化社会対策白書』より作成

年齢階級別にみたものである。男女いずれも，年齢の若い階級において未婚率が高い傾向にあることが示されている。また1975年までは，同程度で推移しているのに対し，1980年から上昇傾向に転じている。たとえば2020年では35

～39歳の男性のおよそ３人に１人（34.5％），35～39歳の女性のおよそ４人に１人（23.6％）が未婚となっており，近年では結婚をしない人びとがある程度の比率を占めるようになっている。

近代という時代以降，結婚は誰もが経験することであり，結婚の時期も一定の時期に経験するものとみなされていた。家族のライフサイクル論（家族周期論）では，結婚は家族発達の最初の段階に位置づけられており，若い年齢で，皆が経験することを前提としている。しかし，実際のデータをみてみると，現代の日本社会において，結婚は皆が経験することではなくなり，結婚する人びとの年齢も上昇傾向にあることがわかる。ライフコース論の考え方のように，ライフイベントの経験があったりなかったりすること，またその時期が多様であることを，結婚のデータが示している。

さて，家族の多様な道筋を観察するために登場したライフコース論であるが，実際の日本の家族において多様な行路は実現しているのだろうか。ライフコース論に取り組み続けてきた嶋﨑は，人びとの役割移行の多様性がみられる一方で，多くの人が「生きづらさ」を感じるリアリティがあり，社会的認知のレベルでは，多様なライフコースが棚上げされたままであることを指摘している。とりわけライフサイクル論と親和性の高い近代家族の呪縛から解かれていないという指摘は重要である（嶋﨑　2019）。

5 当事者の視点から家族をとらえる：主観的家族論の試み

1980年代後半ごろから，当事者の主観で家族を規定していこうとする研究がみられるようになる。それまで日本社会学において家族定義としてもっとも普及していたのは，森岡清美の「家族とは，夫婦・親子・きょうだいなど少数の近親者を主要な成員とし，成員相互の深い感情的かかわりあいで結ばれた，幸福（well-being）追求の集団である」（森岡・望月　1983＝2003：4）というものである。これは核家族を想定しており，近代家族をモデルに規定されたと考えられる。当事者の視点から家族をとらえる新たな試みは，家族の確固としたモデルとして定着していた近代家族の変容に対応した動きであり，上記のような近代家族を前提とする定義に疑問を投げかけるものであった。また居住の共同性や血縁・姻縁関係などの客観的な基準でもってとらえられてきた家族概念と対照的なものであったともいえる。

こうした新しい研究の流れを田渕六郎は「**主観的家族論**」と名づけている（田渕　1996）。田渕は，まずは欧米でみられたこのような研究において，従来の家族研究の枠組みは，核家族などのモデル（理念型）が参照点となっていたこと，また家族は客観的な構造をもつ集団として普遍的な機能があることを前提としており，そのような前提の中で「行為者の視点」がなかったことを批判する意図や趣旨があったという（田渕　1996：20-21）。

日本の家族社会学において主観的家族論の流れに位置する代表的論者は，**山田昌弘**と**上野千鶴子**である。山田は，近代的な核家族をモデルとする従来の家族定義が失敗に陥っているという。実際の家族現象や家族問題の分析には，レベルわけが必要であり，わけられたレベルのひとつとして家族意識を打ち出した。これは「ある範囲の人を『家族』と見なす認知は，主観的な現象である」（山田　1986：59）と，個人の意識によって家族の範囲は決められると主張するものであった。一方，上野は，1990年代の初頭に，ファミリィ・アイデンティティ（FI）という考え方を表した（上野　1994）。当時，家族の客観的定義はほぼ解体しており，その代替として解釈学的で構築主義的なアプローチの要請に応じたものだったと上野は述懐する（上野　2009）。ファミリィ・アイデンティティは，「あなたにとって家族とはどの人をさしますか？」という問いをたて，どの人びとまでを家族の範囲に含めるかという，家族の境界を主観的にとらえるものであり，客観的な検証が可能なものとして打ち出された。この概念を用いた研究の結果から，上野が導き出した知見としては，複数の当事者間でファミリィ・アイデンティティが一致しないこと，異性間の婚姻にとどまらない家族のみならず，ペットや死者などを家族に含める事例があること，などがあげられる（上野　2009）。

主観的家族論は，それまで居住の共同性や親族関係などの要素で客観的に定義していた家族の見方を乗り越え，家族を当事者からみることを通じて，「『家族』という概念に当事者が託した価値や規範意識を明らかにし」（上野　2009：6），それらの多様なリアリティを示した点で評価できるものである。

Practice Problems 練習問題 ▶3

これまで家族の定義がどのようになされてきたか，社会学や文化人類学の研究を調べてみよう。

6 セクシュアル・マイノリティをめぐる議論が広がる：家族をめぐる差別と包摂

近年，**セクシュアル・マイノリティ**をめぐるテーマが家族社会学の研究として盛んになりつつある。セクシュアル・マイノリティは，さまざまな社会の制度が想定しておらず，異性愛夫婦を前提とする近代家族のあり方が「普通」の家族とされてきたがために，さまざまに排除されてきた歴史がある。

これまで性に関わるマジョリティは，どの性別に性愛に関する欲望が向かうのかを示す性的指向においては異性愛者，自己をどのような性別であるかという認識を示す性自認においてはシスジェンダー（出生時に割り当てられた性別と性自認が一致している）であった[5)]。またセクシュアル・マイノリティに関して，LGBTという用語が用いられることが多かったが，近年では，加えてXジェンダー（男性もしくは女性に二分された性自認を持たない），アセクシュアル（無性愛者）など他のあり方も含めて議論されている。シスジェンダー，異性愛者から構成されるのが近代家族であり，近代家族が普通の家族として支配的な立場を占めていたことから，セクシュアル・マイノリティの人びとは周辺化され，社会的に排除されてきた。

家族社会学では，こうして排除されてきたセクシュアル・マイノリティの研究が近年盛んにおこなわれている。三部倫子は，セクシュアル・マイノリティの「家族」研究を整理し，① セクシュアル・マイノリティの子どもからその親に対するカミングアウトの研究，② セクシュアル・マイノリティのカップルにおける仕事と家庭役割の分担の関係の研究，③ セクシュアル・マイノリティの子育てに関する研究，④ セクシュアル・マイノリティのエイジングに関する研究，⑤ トランスジェンダーのパートナーに関する研究，などの蓄積がすでにみられることを指摘している（三部 2016）。また三部自身の研究では，レズビアン・ゲイ・バイセクシュアル（LGB）の子どもの親を対象とした調査から，LGB の子どもに加え，子どもからカミングアウトされた親も，社会からスティグマを付与され，差別的な扱いを受け，生きづらさを抱えていることが明らかにされている。

三部の研究にあらわれるように，セクシュアル・マイノリティをめぐる研究は，セクシュアル・マイノリティやその家族が周辺化され，さまざまな差別の中におかれている実態を明らかにするものである。またこうした研究の隆盛は，これまで，シスジェンダーと異性愛であることが前提であり，普通の家族であることが自明視されてきた近代家族を相対化し，多様な家族で生きることを描くものであるといえる。

7 多様な家族を保障する：とらわれからの脱却

さて，世界的にも評価の高い是枝裕和監督は現代日本の家族をテーマにすることが多い。2004 年に公開された『誰も知らない』は，実際に 1988 年に起きた西巣鴨子供置き去り事件をモチーフとした作品である。いずれも出生届がだされていない子ども 4 人[6)]と母親で暮らしが営まれていたが，母親が子どもたちのもとからいなくなってしまうことから，子どもだけの生活が描かれる，という内容である。筆者は，この映画を授業の題材として用いたことがある。観終わった直後の感想として，下記のようなものが多くみられた。

この映画に出てきたような母親には，親になる資格はないと強く感じた。

そして，その後，家族社会学の文献を読んだり，学生同士のディスカッションを経たりして，最終的にみられた感想は，次のようなものが多かった。

> 授業を通して結構自分の考えに変化が生じたように思います。その中で一番思ったことは，母親だけを集中的に非難しすぎているということです。この事件もそうですが，何かしら子どもが絡んでいる事件において，母親が最も非難の的になっているように思います。

このように，当初の自身のコメントを修正していく学生が多かった。とくに子どもをおいて出ていった母親を非難する考えを相対化する視線をもち始める。この思考のプロセスにみられるのは，私たち自身が今でも「あるべき家族」にとらわれ続けていることの気づきではないだろうか。

現在でもわれわれが理想化しようとするあるべき家族は，いわゆる「普通」とされる家族であり，森岡清美が提出した家族周期論が見据える家族であり，落合恵美子らが相対化を試みた近代家族といえる。なかでも女性が家事・育児・介護に責任をもつべきという観念は，今の若い世代をもってしても，あるべき家族の姿のひとつとして，根強く息づいていることが，上の最初のコメントからみてとれる。上述したようにライフコース論が多様な家族の道程を描き出そうとしても，まだ「普通」の家族をよしとする観念が，まだ私たちの中に，見え隠れしている。

そして「普通」の家族にあてはまらない人びとが，さまざまな社会的排除に直面することを家族社会学の研究は明らかにしてきた。神原文子は，「子連れシングル」という家族のあり方において，母子世帯の女性にさまざまな差別，経済的疲弊，生きづらさがあることを明らかにしている（神原　2020）。また異性愛カップルを基本とする家族が「普通」のものとして，あらゆる制度にも組み込まれてきた歴史をもち，「生殖に結びつかないセクシュアリティ」（井上　2023）は家族としてみなされず，あらゆる社会の仕組みからもこぼれ落ち，排除されてきた[7)]。さらに日本の社会においては，外国人であることで周辺的立場となる問題や，災害などの社会的リスクを経て近代家族を自ら解体するような動きもある。また近代家族的な家族を求めて科学技術としての生殖補助医療技術が用いられることもある。本書では，このように家族をめぐり人びとが直面する生活上の困難を次章以下で考察している。

近年，「普通」の家族が孕んでいる多くの問題を乗り越えるために，新たな家族像を描き出す議論がみられるようになってきた。そのひとつを紹介しよう。アメリカの法学者である**M. ファインマン**は，「正式に認められた異性愛による夫婦の絆を核とした単位」（Fineman 1995＝2003：153）を性的家族（sexual family）という語で表現する。性的家族は，男女の性的な結びつきを基盤とする家族の「自然な」形態とみなされ，法的に特権が与えられ保護されてきた。また性的家族は，子供を育て，病人をケアする責任や重荷を引き受ける単位として社会の中に位置づけられており，家族の中でそうしたケアの役割を担うのは，妻，母，娘たちである。すなわち性的家族は，子育てやケアをする役割を果たすことが社会から要請されており，実際のケアの担い手は，性別役割分業に基づき女性である。この点において，性的家族は，あらゆる社会制度の中でももっともジェンダー化されたものと位置づけられ，女性に不均等にふりわけられる負担やコストの重さが問題視されている。

さらに，性的家族以外の親密な関係性は周辺化されている。とくにシングルマザーの家族は，犯罪や貧困などの他の社会事象との関連でとらえられ，家族や社会の崩壊の原因と同時に結果でもあり，逸脱した家族との位置づけを与えられてきた。こうしてファインマンは，ケアの社会的責任をジェンダー化された構造で引き受ける性的家族の女性の負担の重さ，加えて性的家族ではない人びとが社会から零れ落ち逸脱的存在となることの問題点を鋭く指摘した。

問題を克服するためにファインマンが法改革として示す提案は，第1に性的家族に対する法的支援を廃止すること，第2にケアの受け手と担い手とからなる養育家族単位（nurturing family unit）を保護することである。第1の提案は，婚姻制度の法的廃止を意味しており，ラディカルな議論にも映るが，国家が推奨し保護や支援を行う家族の親密モデルが存在しなくなることで，特定の性関係が禁止されたり，逆に特権的に扱われることもなくなったりする，という利点があげられている。また性的家族が社会制度となっている限り，理想の家族モデルとして特権的な地位を占め，一方で他の親密な関係性が逸脱視されスティグマが与えられるのに対し，性的家族に対する法的支援の廃止，つまり婚姻制度の廃止により，すべての関係は互いに平等なものとなることができ，あらゆる関係を性的な関係と同様にとらえることが期待できることとなる。第2の提案は，性的家族の基本単位を構成している夫と妻という二者関係の代わりに，ケアが必要な弱者とケアの与え手から構成される関係性を家族の核におこうとする試みである[8)]。ファインマンは，ケアは，人生の中で避けることができず必然的に生ずるものであり，そのため社会的支援の対象は，性的家族からケアを授受する単位（養育単位）に移す必要があると提唱する。そして「ケアを与える家族を保護された空間とし，国家から特別に優遇される処遇を受ける権利を持つもの」（Fineman　1995＝2003：254）とする法制度を要求している。ファインマンの議論は，女性のケアに関する責任を組み込んでいる性的家族（いわば近代家族）が普通とされ，蔓延り続ける問題に対し，代替する理念型を提案し問題を乗り越える方策を示した有用な議論であり，日本の社会学の家族理解においても大きな影響を与えた。

さて，制度面からとらえると，家族の脱制度化がすすんでいるという議論もある。つまり今の時代，今の社会に特有な規範などによって規定される明確な家族というものとして確固たるものはないという議論である。日本の社会にあてはめて考えてみると，夫婦家族制が前提とされ，内実は，異性愛夫婦がそろっており，子どもを愛情をもって育てていく，という近代家族モデルは，もはや万能ではないということであろう。しかしそうだろうか。是枝監督の作品『だれも知らない』を観て，私たちは子どもを置き去りにした母親を非難する感覚を未だ持ち続けている。私たちは，近代家族を形成し，近代家族に課された役割を求められるしがらみから抜け出せていない。またそのことが私たち自身を苦しめ続けている。こうした事態から，多様な家族や多様な生を生きる社会はいかに実現できるのだろうか。本書は，こうした多様な家族や多様な生を阻む現代社会の問題をまずは明らかにしていくことをめざしている。

Practice Problems 練習問題 ▶ 4

不登校や虐待など子どもに関わる問題が報道される際に，その家族についてどのようなコメントがあるのか，調べてみよう。

注

1）森岡自身は，家族を制度ではなく，集団として規定し分析を行うことが多い。
2）家族の類型としては，夫婦家族制，直系家族制とともに，複合家族制があり，3つの類型があることが示されている（森岡・望月　1983＝2003）。
3）落合による『21世紀家族へ―家族の戦後体制の見かた・超えかた―』の初版（1994年）の時点では，家族の戦後体制が続くのは1970年代半ばまでとされていたが，第3版の2004年時点では，脱主婦化の動きが緩慢であることから，戦後日本社会に成立した家族の戦後体制が終焉したとは言い切れないと修正したという（落合　2013：540）。
4）介護部分においてはその社会化が図られ，エスピン＝アンデルセンのキータームである「脱家族化」がある程度成立したと述べている（大沢　2007：54）。
5）性的マイノリティをめぐる概念や議論については，第6章と本テキストシリーズの『入門・社会学』第4章（井上　2023）を参照されたい。
6）実際の事件では子どもは5人いた。
7）上述の『入門・社会学』第4章では，生殖に結びつくセクシュアリティのあり方のみが正常や自然のものとされ，社会制度の中で保護されるが，生殖に結びつかないセクシュアリティのあり方が周辺化され，排除されてきた歴史がある」（井上　2023：102）と解説されているので参照されたい。
8）ファインマンは，ケアの受け手と与え手の関係について，あらゆるケアの関係性や形態を代表するメタファーとして「母子」という用語を用いている。またケアの受け手と与え手の関係性については養育単位とも表現している。

参考文献

Ariès, Philippe, 1960, *L'enfant et la vie familliale sous l'Ancien Régime*, Plon.（＝1980，杉山光信・杉山恵美子訳『〈子供〉の誕生―アンシァン・レジーム期の子供と家族生活―』みすず書房）

有賀喜左衛門，1971，「村落共同体と家」『有賀喜左衛門著作集　X』，未来社

Elder, Glen H. Jr., 1974, *Children of the Great Depression: Social Change in Life Experience*, The University of Chicago.（＝2023，川浦康至監修，川浦康至・岡林秀樹訳『［完全版］大恐慌の子どもたち―社会変動とライフコース―』明石書店）

Esping-Andersen, Gosta, 1999, *Social Foundations of Postindustrial Economies*,

Oxford University Press.（＝2000，渡辺雅男・渡辺景子訳『ポスト工業経済の社会的基礎—市場・福祉国家・家族の政治経済学—』桜井書店）
Esping-Andersen, Gosta 著，京極高宣監修，林昌宏訳，2008，『アンデルセン，福祉を語る—女性・子ども・高齢者—』NTT 出版
Fineman, Martha Albertson, 1995, *The Neutered Mother, The Sexual Family and the Other Twentieth Century Tragedies*, New York: Routledge.（＝2003，上野千鶴子監訳，穐田信子・速水葉子訳『家族，積みすぎた方舟—ポスト平等主義のフェミニズム法理論—』学陽書房）
井上智史，2023，「ジェンダーとセクシュアリティ—ジェンダー・ステレオタイプと性の多元的構成—」山本努・吉武由彩編『入門・社会学—現代的課題との関わりで—』（「入門・社会学」シリーズ　1）：87-105
神原文子，2020，『子づれシングルの社会学』晃洋書房
宮坂靖子，1988，「専業母」金井淑子編『ワードマップ家族』新曜社：64-69
森岡清美，1972，「序論」森岡清美編『社会学講座　第3巻　家族社会学』東京大学出版会
――，1993，『現代家族変動論』ミネルヴァ書房
森岡清美・青井和夫編，1991，『学振選書3 現代日本人のライフコース』日本学術振興会
森岡清美・望月嵩，1983＝2003，『新しい家族社会学（4訂）』ミネルヴァ書房
牟田和江，2017，「家族研究の継承と課題［2］—家族社会学の脱『家族』化へ向けて—」藤崎宏子・池岡義孝編『現代日本の家族社会学を問う—多様化のなかの対話—』ミネルヴァ書房：253-268
内閣府，2022，『令和4年版　少子化社会対策白書』（2023年8月19日取得，https://www8.cao.go.jp/shoushi/shoushika/whitepaper/measures/w-2022/r04webhonpen/index.html）
内藤莞爾，1973，『末子相続の研究』弘文堂
野々山久也，2007，『現代家族のパラダイム革新—直系制家族・夫婦制家族から合意制家族へ—』東京大学出版会
落合恵美子，1994＝2019，『21世紀家族へ—家族の戦後体制の見かた・超えかた 第4版—』有斐閣
――，2013，「近代世界の転換と家族変動の理論—アジアとヨーロッパ—」『社会学評論』64（4）：533-552
大沢真理，2007，『現代日本の生活保障システム—座標とゆくえ—』岩波書店
三部倫子，2014，『カムアウトする親子』御茶の水書房
――，2016，「日本におけるセクシュアル・マイノリティの『家族』研究の動向—2009年以降の文献と実践家向けの資料を中心に—」『家族研究年報』41：77-93
嶋﨑尚子，2019，「ライフコース論—個人の人生軌道から家族過程をとらえる—」西野理子・米村千代編『よくわかる家族社会学』ミネルヴァ書房：28-29

Shorter, Edward, 1975, *The making of the Modern Family*, Basic Books.（＝1987, 田中俊宏他訳,『近代家族の形成』昭和堂）
鈴木栄太郎, 1940,『日本農村社会学原理（上）』（＝1968『鈴木栄太郎著作集 I』未来社）
田渕六郎, 1996,「主観的家族論」『ソシオロゴス』20：19-38
戸田貞三, 1937,『家族構成』弘文堂
鳥越皓之, 1985,『家と村の社会学』世界思想社
上野千鶴子, 1994,『近代家族の成立と終焉』岩波書店
――, 2009,「家族の臨界―ケアの分配公正をめぐって―」牟田和江編『家族を超える社会学―新たな生の基盤を求めて―』新曜社
山田昌弘, 1986,「家族定義論の検討―家族分析のレベル設定―」『ソシオロゴス』10：52-62

自習のための文献案内

① 山本努・吉武由彩編著, 2023,『入門・社会学』（「入門・社会学」シリーズ 1）学文社
② 鳥越皓之, 1985,『家と村の社会学』世界思想社
③ 落合恵美子, 1994＝2019,『21 世紀家族へ―家族の戦後体制の見かた・超えかた― 第 4 版』有斐閣
④ 岩上真珠, 2003,『ライフコースとジェンダーで読む家族』有斐閣
⑤ Fineman, Martha Albertson 著, 上野千鶴子監訳, 穐田信子・速水葉子訳, 2003,『家族, 積みすぎた方舟―ポスト平等主義のフェミニズム法理論』学陽書房

①は入門・社会学シリーズの社会学全般の入門書となっている。「3 章　家族社会学」においては, 欧米の家族社会学も射程にいれた構成になっており, 日本の家族社会学の動向を扱った本章とあわせて読むことで, 体系的な理解が得られる。②は, 日本の直系家族制度として農村社会学の領域で行われてきた「家」研究とともに,「村」研究についても整理してまとめられており, 初学者にはお勧めの一冊である。③近代家族論の第一人者である落合によって書かれたものであり, 日本における近代家族の展開や実態がわかりやすく示されている。④はライフコース論の立場から, 日本の家族の変化をとらえるものであり, ジェンダーの視点を織り交ぜ複層的な考察が試みられている点が興味深い。⑤は本章で扱った通り, 現代の婚姻制度を根本的に問い直し, 新たな家族のあり方を示すラディカルな論考である。現代における家族が抱えている問題とそれを乗り越えるための具体的な方策を提示しており, ぜひ手にとってみてほしい一冊である。

第2章

地域における子育てと家族
——現代社会における育児の共同性

益田　仁

1 家族と地域の教育機能

子育ては大変だ，とよくいわれる。確かに子育てとは心理的，経済的，時間的な負担がかかる営みであるが，誰かがしないと社会の**再生産**（次世代を産み育てること）が立ち行かず，極端な場合，社会は崩壊してしまうかもしれない。それでは具体的に，誰が子育てを担ってきたのだろうか。歴史を振り返ると，その主な担い手は家族と地域社会であった。家族についてはイメージできるかもしれないが，地域はどのような役割を果たしてきたのだろうか。子育てを社会史の視点から論じる太田素子は，近世村落の子育てへのかかわりを次の3点に整理している（太田　2011：23-29）。

① 互恵的な子育て支援——主に村請制という租税負担の関係で求められたものではあったが，互恵的な子育て支援をはじめとした村落内での相互扶助の仕組みがあったこと。

② 年齢階梯制組織や祭礼の人間形成力——若者組や娘宿でしきたりや規範が教えられ，出産育児に臨む若い母には子安講，観音講，地蔵講などで知識や子育てのノウハウが伝えられた。さらに帯親，取上げ親，名付け親，拾い親，烏帽子親など，地域の人間関係の中から**擬制的親子関係**が定められてきた。

③ 共同体の規範——民俗学が「郷村のしつけ」として注目した「笑い」や「非難」が，幼い子の人格形成に機能していた。

こうした村落の教育機能に家族は助けられてきた，というより，それが育児の前提となっていた。産み育てることは親や家族だけで担い切れるものではないため，地域というユニットで共同化されてきたのである。

もっとも，社会が近代化しさまざまな専門機関が登場してくる中で，家族も地域もその機能を（基本的には）外部化＝専門分化させてきた。子育てに限っていえば，お産は“産婆さん”から病院へ，母乳はもらい乳（近所の母乳が出る人に授乳してもらうこと）やとぎ汁から粉ミルクへ，しつけや教育はムラの諸集団から学校へ，という流れである。このように多様な**家族機能を外部化**しつつも，子の養育については家族内で（主として母親が）引き受ける家族のことを**近代家族**とよぶ。明治期に登場し1960年代に広がったこの家族では，従来よりも親（家族）が育児や教育の担い手として強調されるようになった。しかしながら近代家族は家族成員が少なく，また地域共同体や親族組織とも切り離されているため孤立しやすく，場合によっては**育児不安**へと陥りやすいとの指摘もなされてきた。地域が有してきた教育機能を考えると，それは当然の結果かもしれない。そもそも子育ては家族だけで担うには重すぎる営みだからだ。

Practice Problems　練習問題 ▶1

あなたが育つ過程において，家族や地域はそれぞれどのような役割をもっていたかを整理してみよう。またそれを家族や友人と比較して，時代や地域によって違いがあるかどうかを考えてみよう。

2 現代における育児の共同性 ：育児ネットワーク研究の視点

現代の親たちは，育児をする上で必要とされるさまざまなサポートを，誰から，どの程度得ているのだろうか。それを論究してきたのが**育児（サポート）ネットワーク**研究である。育児ネットワークとは，家族・親族・友人・近隣住民など，世帯内外で育児に何らかのかたちでかかわり，親に対して育児援助を提供する人びとである。たとえば髪を切るため美容院に行きたいが，子を連れては行けない場合，子の世話を誰にお願いするだろうか？配偶者，実の親や義

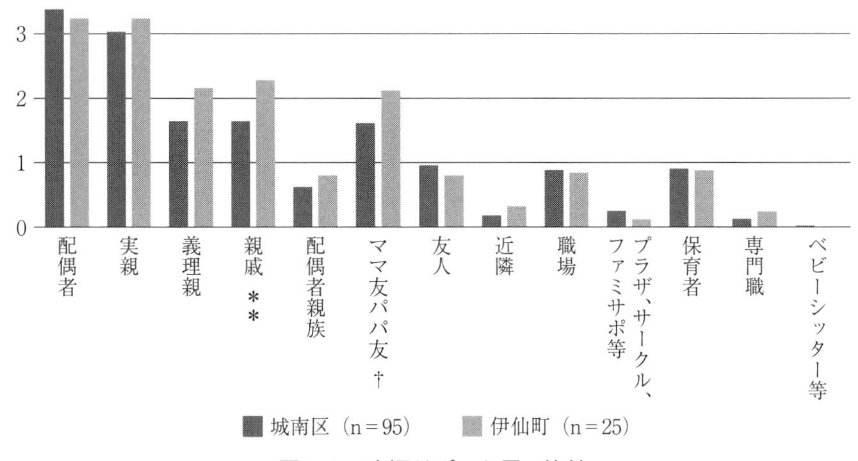

図2-1　育児サポート量の比較

注）＊＊は5%水準有意，†は有意傾向を示す。検定結果は参考程度。

理の親，きょうだい，ご近所さん，友だちなど，その人のもつ社会関係（ネットワークの束）の中から育児ニーズを満たす方法が選びとられる。その構造と機能を論じてきたのが育児ネットワーク研究である。ここでその全体像を紹介することはできないが，育児サポートは①「子の世話を頼む」という実体的なサポートのみならず，②「悩みやグチを聞いてもらう」という情緒的サポート，③「助言やアドバイスをもらう」という相談的サポート，④「一緒に楽しく過ごす」という親交などに区分されて把握されてきた。それを踏襲するかたちで筆者らが福岡市城南区および徳之島伊仙町において実施した調査結果をここで紹介したい。図2-1は，各間柄の人から①～④のサポートを受けた経験があるか否かを尋ね，その結果を得点化して比較したものである[1)]。

図をみると，両地域ともに配偶者，実親，義理親，親戚（きょうだいや親以外の親族）で高く，親族が育児サポートの第1次的な提供者となっていることがわかる。同時に，ママ友・パパ友が親族並みのサポートを発揮していることも見て取れる。地域間での差に目を向けると，親戚サポートが伊仙町において有意に高く，ママ友等で有意傾向が確認されるものの，その点を除いた基本構造は似通っている。この結果をどのようにとらえればよいのだろうか。

ここで，地域的な観点から育児ネットワークをとらえた**落合恵美子**の研究を取り上げよう。落合が80年代に兵庫県で行った調査によると，一般的な近所づきあいは郡部の方がさかんであるものの，こと幼児の子育てをめぐっては，都市部の方が頻繁に近所と交際しているという（落合　2019：174-176）。背後には家族類型の異なりがあり，郡部では幼児のいる世帯の6割以上が**拡大家族**世帯であり，祖父母がいるため近隣と付き合わなくとも人手が足りるが，都市部では3割半が祖父母の居住地から遠く離れた**核家族**世帯となっており，祖父母の手を借りることができない母親たちは必要に迫られて意図的に地域のネットワークを発達させたという。農村部における親族サポートは，都市部（とくに郊外）においては非親族サポートによって代替されるという図式は，その後の研究でも確認されてきた。それからすると，都市である福岡市は伊仙町よりも近隣ネットワークが発達する――具体的にはママ友・パパ友や近隣によるサポートが相対的に手厚くなる――と予想されるが，結果はそうはなっていない。家族類型に目を向けると，両地点ともに核家族世帯割合が9割を超えているが，福岡市では実親・義理親が相対的に遠方に居住しており，地域ネットワーク形成の必要性が福岡市において低いわけではなさそうだ。これは福岡市の特性というよりも徳之島の特徴である可能性もあり，その詳細な分析は益田（2023）において行っている。その量的な違いの検証をここで繰り返すのではなく，本章ではこうした育児ネットワークがどのようなプロセスで形成されるのかを，家族・地域のみならず制度の視点も含めてとらえてみたい。制度とはさまざまな子育て支援サービスのことであり，養育上の必要を家族や地域だけで満たすことが難しい場合に利用される公的な仕組みである。現代では親族か地域かという単純な2択ではなく，制度的サービスが選び取られることもあるし，場合によっては制度が地域関係を活性化させてもいるだろう。こうした面を押さえつつ，本章では田中あや子（40代前半・福岡市）と，中村サオリ（30代後半・徳之島）というふたりの母親の育児を追体験することで，九州地方の都市と農村における育児の共同化の一断面をみてゆこう。[2)]

3 福岡市における子育て

3．1　結婚・妊娠・出産

あや子は「田んぼだらけの筑後平野のヘリ」で育った。高校卒業後，福岡市内の通信販売会社に就職し，5年ほど勤めた後，建築系の会社の事務職に転職した。そこで同僚から誘われて登山を始めた。30歳の頃，山トモから「友だちの同僚ね」と紹介されたのが夫となるヒロキだ。当時，友人たちが我先にと争うように結婚していっており，披露宴の円卓で繰り広げられる所帯じみた会話にライフステージの変化を感じつつあったが，あや子は結婚それ自体を目的として考えたことはなかった。平野の片隅で暮らす父は水道関係の仕事を自営で続けており，母は年金がもらえるようになって近頃パートを辞めた。あや子は3人きょうだいの真ん中であり，結婚のケの字も口にしない兄は東京で働いており，忙しくしているためか盆暮れにもあまり帰省してこない。地元が好きな弟はずっと実家に住んでいたが，数年前に高校の同級生と結ばれ，現在は平野の中心部に住んでいる。母も父も「あんたの人生なんやけん，どーぞ好きなごと（ように）」という考えで，結婚について口を出されたことは一度もなかった。職場にも山トモにも，未婚の三十路四十路の姉さまたちがおり，遊ぶ相手に困ることはない。そうした状況も手伝ってか，結婚を焦る気持ちはなかった。が，身体が急かしてきた。

「おめでと。いや，ありがと，かな。で，どうすっと？」あっけらかんと他人事のようにいうヒロキの言葉を聞いた時にはすでに6週を迎え，においづわりと吐きづわりに襲われ，寝込んでいた。仕事もままならず，ヒロキの意向もあってほどなくして退職した。急いで式を挙げ，ドタバタで新居を決め，気づいた時にはひとり目の子が横でスースーと寝息をたてていた。

隣県出身のヒロキは工業高校卒業後に県内の製造工場に就職したが，22歳の頃「給料けっこうヨカよ」と友人に誘われ福岡市の配管施工の会社に転職した。現在は工場の配管施工を請け負う系列会社に勤めており，近頃は設計もやっているらしい。歳はあや子より5つほど年上であるが，自分の考えを押し付けることはなく，常にあや子の意向を優先してくれる。しかしそんなヒロキが，新居に関しては「近くに公園あるし」「通勤もしやすいし」「周りも子どもが多いし」「メゾネットなら足音とか気にせんでえーだろーし」という理由を並べ立てて，ひとりで決めてきた。団地育ちのヒロキにとっては，メゾネットタイプが長屋のように並ぶその様相が，どことなく育った地区の雰囲気に似ていたからかもしれない。

3. 2　育児サポートの提供者たち

こうして月々の家賃6.8万円のメゾネットアパートで，あや子の新生活はスタートした。産後，「肥立ちまでは」という母が筑後平野から「おさんどん（家事仕事）してやるけん」とやってきた（実親による実体的サポート）。ヒロキは母子家庭で育っており，義母は今でも働いている。仕事の合間を縫って隣県から誕生祝いにやってきた義母——あや子いわく「強い義母（はは）」——が生まれたばかりの孫の手を握り，目じりを下げて相好を崩したその瞬間，あや子は，ああ，わたし，親になったんだ，と強く感じた。その後にやってきたのは，繰り返しの単調な，しかし忙しい毎日である。

授乳，おむつ替え，料理，おむつ替え，洗濯，授乳，おむつ替え，料理，授乳，おむつ替え，時どき掃除。母は勝手のちがう家でのテツダイに疲れたようで，ひと月ほどしてヘトヘトになって「なら，あとは」と言い残して平野のヘリに逃げるように帰っていった。その母の背中を見送りながら，あや子は心細さと不安を覚えたが，その不安はヒロキが幾分か拭い去ってくれた。自分から動きはしないが，あや子がアレして，コレして，ソレお願いと指示さえすれば，意外と家事や子守をしてくれるのである（夫による実体的サポート）。もちろん仕事の忙しさにもよるが，あや子の父よりもはるかに家のことを手伝ってくれる。とはいえ，夜は夜泣きで頻繁に目覚め，浅く断続的な眠りが続く。仕事のあるヒロキに夜泣きの世話までは頼めないし，そもそもヒロキは夜泣きがはじまってからはリビングのソファーで寝るようになった。日中の家事と，寝たのかどうかよくわからない夜を繰り返すうちに，あや子は頭がボーっとし，心身がすり減るような感覚を味わった。[3)]

ある日，あや子が泣く子をアパートの外であやしていた際，同じメゾネットに住む住人から話しかけられた。やや離れた棟に住むそのご近所さんは引っ越しの挨拶をした相手ではなかったが，すれ違うたびに会釈はしていた。幼稚園に通う子をもつというその母親は，「いくつ？」「大変よね」「なつかし～」「わかるわかる」と自身の育児経験を振り返りながらあや子の労をねぎらい，それ以降，時折立ち話をする仲になった（近隣による情緒的サポート）。同時にその頃，散歩がてら近くの公園に通うようになり，そこでも何人かの母親たちと顔見知りとなった。顔を合わせ，世間話をするうちに，育児についてあれこれと情報交換をしあう仲となっていった。あーママ友ってこれか，とあや子は思った（ママ友による相談的サポート）。

生後半年ほどして，子がハイハイをはじめて目が離せなくなってきた。ちょうどその頃に地区の民生児童委員が「こんにちは赤ちゃん事業」で家を尋ねてきて，近所の公民館で**育児サロン**が開かれていることを教えてくれた。子どもとふたりきりで家にいては息が詰まるため，近くの公民館に足を運んでみたが，育児サロンは週に1回だけの開催で人数も少なく，子ども専用の空間でもない。あや子が頻繁に通ったのは家からバスで15分ほどの場所にある子どもプラザ（**地域子育て支援拠点**）だ。同じぐらいの月齢の子をもつ親がおり，親同士で会話が弾むし，常駐のスタッフが受容的に接してくれる。離乳食への移行やあやし方など，具体的なアドバイスもありがたく，それ以降週に2～3度通うようになった（公的サービスが提供ないしは仲介する相談的，情緒的サポート）。

3.3　子育てという日常生活

あや子の日常生活は，朝5時半に始まる。朝ご飯を準備しながら，子が泣いたら授乳，ヒロキを7時頃に送り出した後，皿洗いと洗濯を済ませ，元気がある時は10時頃から子どもプラザに足を運ぶ。その後，13時頃に帰宅し子を寝かしつける。買い物は週末に買いだめをしておくか，ヒロキに頼む。近頃はインターネットで購入し宅配を利用することも多い。天気がいい日は午睡明けに近くの公園に遊びにいくこともある。夕食をつくり，ヒロキの帰宅が比較的早い日は子の入浴を頼むが，遅い日はバスチェアを使って自分で子を風呂に入れる。夕食後の皿洗いはヒロキに任せ，子どもを21時ごろに寝かしつけると自分もそのまま寝てしまうことが多い。楽しみは，公園で知り合い波長が合ったママ友と子連れでランチに出かけること。もうひとつはヒロキに子を託し，週末にショッピングや友達と遊びに出かけることだ。産後に経験した不調は，子の睡眠のリズムが出来上がるにつれ徐々に楽になっていった。

「ホント，今はいーよね」初節句の祝いで実家に帰った際，母が口を開いた。いつしか繰り返されるようになった，母なりの子育て談義だ。母いわく，今は「お店に行けば子ども用のモン」で溢れかえっているし，「昔はなかったようなトイレや授乳室」が整備されている。もっとも，子どもの泣き声や行動などで周囲に気を遣う度合いが上がっている気がするらしく，子どもを連れて外に出ると「なんか，青息つくごたる（ような）気の」するという。ただしそれは「（福岡市は）都会だけんかな」という理解でひとまず済ませているが，母の感じる最大の違いは親同士のつながりらしい。母の姉は福岡市で子育てをしていたことがあり，結婚前だった母は姉の家にちょくちょく遊びに行っていた。その時の経験が比較対象になっているようだが，「おっきい団地だったけんか，子どもも親もたくさんおって，親が溜まる所に行けば誰かおった」し，皆あけすけなく子育てのことを口にしていたそうだ。それからすると，あや子の口から聞く近所のママ友たちとの関係は，薄いというよりも，互いに遠慮しあっている気がするらしい。こうした話になると，あや子は「まあ，時代が違うけんね」と釘をさすようにいい，母は「まあ，そもそも子どもが少ないけんね」，「でもいいタイ，母さんたちのときは，**児童手当**なんかなかったし，それからしたら，今はいいよ，病院代もタダやろ。恵まれとおよ，アンタたちは」と決まって口にする。

3．4　2人目の妊娠・出産・育児

子が1才を迎え，もうひとりくらいは，と思っていたあや子は「早めに妊活せなん（しないと）」と思い，断乳の第一歩として乳首にわさびを塗って子の口に含ませた。急いだのはひとつには年齢のこともあったが，将来を見据えると，ヒロキ

の収入だけで一家が暮らしていけるとは考えにくく，2人目を早めに産み，落ち着いたら自身も仕事をしようと考えていたからだ。断乳後しばらくして月経が戻り，1年ほどしてやっと月のものが途絶え，再びつわりが襲ってきた。ヒロキは仕事が忙しい時期であり，朝7時に家を飛び出し，21時頃ヨレヨレになって帰ってくる。疲れ切った夫とつわりに苦しむ妻では家事も育児もままならない。イヤイヤ期真っただ中の子にも手を焼いていたことから，ヒロキが先に「お義母さん，来れんかな」とSOSを発した。母は弟から預かったという子ども服のおさがりを携えて「なんね，また吐きづわりね」とやってきた。

子はなされるがままだった乳児期が終わり，自己主張が出てきたが，思い通りに意思を伝えられないため癇癪を起す。鷹揚に応じる母がいるうちはよかったのだが，つわりが収まり，母が帰り，身重の身体で家事育児を行っているうちに，蓄積する日常のイライラをヒロキにぶつけるようになっている自分に気づいた。

こぼす，散らかす，泣く，汚す，壊す。あれして，これして，だっこー，あっちー，こっちー。聞き分けがなく，あや子の負担を増やすばかりの子を怒鳴りつけていると，ヒロキが「ほら，またー」とたしなめてきた。「そがん大声で言ったっちゃ，分からんて。子どもがご飯こぼすのは当たり前やろ」「なら，代わってよ」「仕事があるもん」「自分は仕事で子どもと離れとるけん，四六時中おるわけじゃないけん，分からんとって」「こっちは，外で仕事で，家で家事で，四六時中バイ。なら逆に代わるや？」「は？アンタが産めるわけじゃなかろーがって」「そがんこと言い出したら，キリない」

あや子はこの時，心底から平野のヘリに帰郷（かえり）たいと思った。人手と食糧と空いた部屋がある実家は空母のような存在であり，そことの距離は生活の質とメンタルの状況をこれでもかというほど決定づける。弟夫婦はお互いの実家から車で20分ほどの距離に住んでおり，ことあるごとに双方の親を使い分けるようにして頼っている。その気楽さが，都会のど真ん中で育児をするあや子には羨ましくて仕方がないのだ。次第にこの気持ちは，親のサポートという実利的なものを超え，自分が育った土地に対する信頼と安心感のようなものにすら感じられはじめ，帰省のたびに自分が平野に呼び寄せられているような感覚を覚えた。

「早期に」「発達を促す」「足の裏が」「ハイハイの期間が」「愛着」「知育」「叱らない」――情報が溢れ，どこを目指せばよいのかイマイチわからない育児環境と，命をつないでいくことがビジネスとしてしか考慮されていないような街のリズムの中で，私が住み，育て上げる地は――どこなんやろ。

この妙な里心を，ヒロキは「大変だけん，そがん思うだけ」「現実的にムリ」と断じた。女手ひとつで育てられたヒロキは，それゆえかえって父親役割を強く意識しているようだったが，母の像はスーパーウーマンであり，住む場所や親のサポートに泣き言をいうような甘い母は，理解の範疇ではないのだろう。もちろん，通勤や仕事という現実的な問題もある。通勤に1時間以上かかれば，逆にヒロキのサポートは手薄になり，そのうちヒロキが疲弊してゆくだろう。そんなことは百も承知なのだ――頭では。

恨めしさとイライラがない交ぜになった行き場のない情動は，泣く子という目の前の現実を制度が下支えすることで，あや子の中で爆発することなく持続する形をとった。**一時預かり**を利用したのだ。同じ区内にある保育園で日中預かってくれるサービスである（1日2,000円程度）。リフレッシュはできたものの（公的サービスによる実体的サポート），利用回数の制限があるし，何より子が嫌がることもあって頻繁に利用したわけではなかった。

イヤイヤ期が重なり，あや子の思考と感情は日に日に膨らむお腹と身体の変化に追いつかず，ぐちゃぐちゃだ。下の子が産まれる前後の記憶はふたたび断片的となる。ふたり目の子は母いわく「癇の虫が強くて，あんたによお似とおね」とのことだったが，ちょっとしたことでつんざくような泣き声を上げる。夜泣きにつきあう毎日が再びはじまった。

生後半年ほど経ったある日，下の子が発熱してぐったりとしており，夜間急患で病院にいくことになった。ヒロキは出張で不在のため，やむなく上の子の面倒を近所のママ友に頼んだ。子ども同士が公園でよく遊んでおり，時おり互いの家を行き来していた間柄だ。「そりゃ大変」「いいよいいよ」「長引くならうちで寝てもいいけん，パジャマも持たせてきぃ」「こんなのいらん，もらったらウチもお願いしにくくなる」。近い場所に頼れる人がいることのありがたさを，あや子はこの時身をもって感じた（ママ友による実体的サポート）。

検診，予防接種，美容院，冠婚葬祭，通院――乳飲み子と３歳児を抱えたあや子は，ヒロキ・母・近所のママ友や制度的サービスの助けを得ながら育児のひとつの山場を乗り越えた。同時に，頼り頼られているうちに，この地で子を育て上げるんだという，諦めのような前向きな覚悟が心の中で徐々に固まっていった。四六時中子どもと一緒なのは下の子が１歳を迎えるまでのことで，どうあがいたって，それ以降は仕事で子どもから離れざるを得ないのだ，という時限的な展望も支えとなった。

ふたり目の子が１歳を迎えた頃，人を探していたもとの職場から声を掛けられ，迷った末にその会社に再就職をした。ふたりの子は保育園へと入園し，現在，園への送りをヒロキが行い，迎えはあや子が担っている。子どもは集団生活の中でたびたび感染症をもらってくるため，あや子が休みを取りづらい際は**病児保育**を利用している。母からは「病気できつかときに……」とやんわりと非難されるが，時代錯誤なのだ，母の諫言は。多くの人が利用しているし，保険証と一緒に病院に預ければ診察までしてくれるありがたい制度だ。

勤めに出ることで公園にいく回数は減り，ママ友たちと顔を合わせる機会も少なくなったが，休みの日は一緒に遊ぶこともある。また，保育園で知り合った母親たちとの関係もできつつある。家は手狭になってきたが，今のところ居住環境には満足している。あや子は福岡市での子育てを「何と比較するかだけど，しやすいっちゃしやすい」という。「いざとなったら親が来てくれる距離だし，買い物とか仕事も便利だし，なんかで困ったら近くの人もいる」からだ。

3．5　マチの子育て

ここまであや子の育児経験を追ってきた。夫であるヒロキのサポートと母親による手助けを２本柱としながら，そこではカバーしきれない部分が近隣のママ友や制度的サービスによって担われていると整理できる。先に触れた落合の

80年代の研究では，育児扶助の担い手が，郡部＝親族扶助，都市部＝近隣扶助と整理されていた。あや子の時代では近隣住民によるサポートも確かに認められはするものの，制度的サービスがより選択されるようになっており，その背景にはここ数十年の間に整備されてきた子育て支援サービスの拡充があるだろう。子育て世帯を含み，近所づきあいの全般的な減少が指摘されているが，そうした近隣関係の希薄さが制度を必要とさせる面もあれば，逆に制度が近隣関係の希薄さを招いている面もあるだろう。しかし見落としてはならないのは，子どもプラザや育児サロンといった行政が提供（ないしは部分的に援助）する制度が親同士や親と地域住民をつなげる役割を部分的にせよ担っている点である。

Practice Problems 練習問題 ▶2

「地域子育て支援拠点事業」，「子育てサロン」，「ファミリーサポートセンター事業」の ① 目的，② 自分の住む地域における事業名称や所在地，③ 財源（お金の出どころ）をそれぞれ調べてみよう。

4 徳之島における子育て

ついで，徳之島における子育てを，中村サオリ（30代後半）の経験に即してみていこう。時代的な背景は先のあや子とほぼ同様である。

4. 1 結婚・妊娠・出産

サオリは，3人目の子の誕生を祝う名付け祝いの席上で，来家した人たちにお酌をしていた。外はあいにくの五月雨であり，潮っぽさを含んだ湿気が肌にまとわりつく。集う人たちの酒気を帯びた熱気もあってか，汗がじんわりとにじんできた。島でよくいう「産むよりも，産後の祝いの方が大変」という言葉を思い出しながら，産後すぐではなく，2カ月ほどして祝宴を開いて正解だったと思った。

徳之島では「名付け祝い（出産祝い）」「入学祝い」「成人祝い」を盛大に催す慣習が根強く残されており，賀席を開くと，親戚や友人のみならず，地域の人や職場の人達がひっきりなしにやってくる。サオリの実家の座敷に用意したお膳は約150人前。準備は母や親せきたちが担ってくれた。入れ代わり立ち代わりやってくる人たちに「今度は女の子ね」「よかったね」「どっち似？」「かわいいね」と言われながら，産まれた子は多くの人に抱きかかえられていく。3人目でもあるし，祝いはもう身内だけで，とも考えていたが，親の意向もあり結局は慣例に従った。祝儀を渡して挨拶だけで帰る人もいれば，延々と飲み続ける人もおり，宴は夜中まで続いてゆく。

翌日，もらった出産祝い（3,000円が相場）の封筒を整理しながら，夫・タカシが「○さん，来てた？」と尋ねてきた。「○さん？」夫の同僚らしい。祝儀袋があるということは，来たか，あるいは誰かに預けたのだろうが，あれだけの人数が来るといちいち覚えてはない。タカシは理学療法士として島内の病院に勤めており，職場での付き合いがあるのだろう。問いかけによしなに返事をしながら，泣く赤ん坊の口元に胸を押し当てた。

ふたりは専門学校時代からの付き合いだ。サオリは徳之島の高校を卒業後，福岡市にある調理・製菓の専門学校で学んだ。タカシは同じ系列に属する医療系の専門学校に通っており，友人の紹介で知り合い，交際を始めた。卒業後，サオリは北九州市のホテルに，タカシは福岡市内の訪問看護ステーションに就職した。まだ若かったふたりは，その微妙な距離を遠心力として別れ，しばらくしてどちらかの生活の不満足を求心力として結びつき，火がついたり消えたりを幾度か繰り返した後，20代後半になって入籍した。タカシは福岡市内の出身であり，徳之島なる島があることについてサオリと出会うまで知らなかったし，付き合ってからも足を運んだことはなかった。ただ，ダイビングを趣味とするタカシは，結婚の挨拶で島を訪れた際，両親への顔通しが終わるやいなや海に潜りウミガメとにらめっこをしていた。

サオリは結婚後も結婚式場の調理の仕事を続けていたが，ほどなくして身籠った。職場では育児休業を取得した前例が少なかったし，サオリ自身，子が2歳になる位までは育児に専念したかったため，臨月を迎えたタイミングで退職した。里帰り出産も考えはしたが，徳之島に住む母から「帰ってこなくていいよ，なんかあった時は福岡の方が整ってるから」と言われ，福岡でお産を迎えた。産前産後のサポートしてくれたのは，隣の区に住むタカシの母だ（義理親による実体的サポート）。義父は建築会社の管理職，義母は福祉系の施設にパートとして勤めており，ふたりとも竹を割ったような性格で付き合いやすい。義父母にとっては初孫であり，顔をみせるたびに玉のようにかわいがってくれた（タカシはふたり兄弟であり，市内の飲食店に勤める弟は未婚である）。

タカシは市内の医療機関に勤めており，月の手取りで25万円ほどを稼ぐ。ゆとりはないが，ボーナスもある。同僚や患者さんたちとの関係も良好で，日々の暮らしに大きな不満はない。タカシは根のさっぱりとした博多っ子で，福岡の街で楽しく暮らす術をよく心得ている。仕事もある程度やって，その稼ぎの中で最大限楽しく過ごそう，というそのこざっぱりとした姿勢は，子どもができてからも基本的には変わらなかったが，徐々に長期的な見通しを欲するようになっていった。タカシが欲したというよりも，サオリが「（先々）どこに住む？」「どの園や学校がいい？」と尋ねてくるため，先の計画を立てざるを得なくなったのだ。

現在の住まいは，サオリが友人とルームシェアをしていたアパートだ。結婚の話が具体化し始めた頃にルームシェアが解消され，その空いた部屋に「とりあえず，ここで」とタカシが転がり込んできた。8畳2間と小さなダイニングキッチン。家族3人で暮らすのに過不足はなかったが，子どもを育てるのに適した間取りではない。子育て世帯は同じアパートにはおらず，生活リズムがてんでバラバラな集合住宅の中で，「ウチだけ子どもの泣き声がする」とサオリは気にしていた。タカシの実家への同居話が持ち上がったこともあったが，実家は3LDKの分譲マンションであり，2世帯が暮らすにはやや無理がある。なにより，いくら義父母と馬があうとはいえ，サオリは同居には気が引け，「うーん……」と，やんわりとNoサインを出していたのだ。

4．2　転機

不動産や学区情報をなんとなく調べていたその年の暮れ，徳之島に帰省した際に，「こんなのあるよ。シマは暮らすのにお金かからないよ？」とサオリの母が人なつっこい笑顔でタカシに手渡してきた。老健施設の理学療法士の募集だ。あぁ，そうなんですね，といって条件をみながら，タカシは具体的に生活を想像してみた。給与は月あたり3～4万円は下がるが，確かに生活費は安く済むだろう。家賃は思ったよりも高いが，野菜や魚をおすそ分けでもらうことが多いようだし，そもそもお金を使う場所がそんなにない。「海に近いし」，「お店はないけどアマゾンあるし」という理由たちが背中を押してきた。完全な車社会だが，車さえあれば極端な不便はしないように思えるのだ。同時に，気持ちが惹かれるその根には，帰省のたびに受ける歓待に温かさを感じていたことや，サオリの親戚たちが語る島のノビノビとした環境に生活の質の高さのようなものを嗅ぎ取っていたこともある。

タカシから「まさかの就職バナシ」を聞かされたサオリは，「ハァ？」と逆に驚いた。「お母さんのアレ，ジョーダンなの，わかってるよね？」サオリは日常の不満よりも楽しみを見つけることに長けた性格であり，現在の福岡での生活に満足していた。「福岡は色んなのがあるし，街を歩いてても楽しいし，友だちもいる」。かたや徳之島は，車がなければスーパーはおろかコンビニにも行けないし，子どもの衣料品店はないに等しい。文化施設やレジャーの場も少ない。なにより，島はおおらかさと同時に血の気の多さもあるし，良くも悪くも「いい加減」な気風の島である。タカシが帰省のたびに潜って見ているウミガメだって，そのうち飽きるに違いない，としかサオリには思えなかった。「小学校は複式学級だし」「塾もほとんどないし」「進路の選択肢も少ないし」と，この先直面するであろう現実を，サオリは念を押すように重ねた。図書館は小さく土日は閉館しているし，高校進学時には島を出なければいけないかもしれない。福岡とはあらゆる面で選択肢の数が異なるのだ。あや子の実家には両親と父方の祖母，そして数年前に離婚して大阪から「子連れで出戻ってきた姉」がいる。弟は鹿児島市内に単身で住み，住宅メーカーに勤めている。サオリは後々禍根を残さないよう，「ナイ」「カモシレナイ」という語尾で島の環境を並べ立てたのち，「別に帰ってもいいし，帰らなくてもいいんだけど」と，決断をタカシに委ねた。「このまま福岡おるより楽しそうやん？」先をみているのかどうかよくわからない楽天的なタカシの答えで決まった。3か月後にタカシは退職し，4か月後には1歳になる子を連れて徳之島に移り住んだ。タカシの父母はやや寂しそうではあったが，「ふたりのことだけん」「今はラインでん何でんあるし」「タカシは，あれは，海に潜りたいっちゃろ？」と笑いながら送り出してくれた。

4．3　シマの子育て

ふたりは子育て世帯向けの安い町営住宅に申し込んだものの倍率が高く入居が叶わず，町の中心部にあるアパートに住んだ。タカシの職場まで車で15分，サオリの実家まで10分ほどの距離である。

Uターンしてサオリがすぐに感じた生活の変化は，タカシの帰宅が1時間ほど早まったことである。通勤時間は少ないし，残業もほとんどない。タカシは福岡時代，仕事のある日は育児をあまり担っていなかったが，徳之島に来てからは，帰宅後に子どもをお風呂に入れたり，離乳食を食べさせたり，家事を手伝ってくれることが多くなった（夫による実体的サポート）。仕事は高齢者施設でお年寄りのリハビリを担っており，福岡時代と「やることはだいたい一緒」であり，違いといえば「ジイちゃんバアちゃんたちがなんて言いよおとか，分からん」くらいだ。島には3つの町あり，人口数は合算して約2万人。サオリの実家のある町に住む利用者の人には「○（集落名）の△（家）の2番目の娘ムコ」と言えば通じることが多く，たとえ通じなくとも，たいていの人が知り合いのそのまた知り合いの範囲に収まる。そうした密な関係も，仕事のしやすさにつながっているようだった。もっとも，仕事で接する医療・福祉関係者からは，「よく来たね」「小児含めて医療は整ってない面もあるよ。特に急性期は」と当初よく言われたが，幸い高度な医療を恒常的に必要とはしないタカシ一家にとって，そうした面を差し引いてもなお，お釣りがくるほどのメリットを感じた。職場の雰囲気がとにかく緩いのだ。皆せかせかとしていないし，子どもを理由とした休みもとりやすい。定期検診，予防接種，感染症と病院通いのオンパレードの乳幼児を抱える身としてはありがたかった。

移住して2年ほど経ち，2人目の子を授かった。サオリの父母は60代後半，換金作物としてサトウキビ，バレイショの畑仕事をしながら，自家用の野菜畑で季節の野菜を育てている。母は農作業を手伝いながら，時おり知り合いの営む弁当屋にパートに出る。父母は孫の面倒をみてはくれるが（実親による実体的サポート），とくに農繁期は「孫守より仕事」となるため，サオリの母は「バーチャンに言いなさい」「バーチャンは喜ぶから」という。祖母は80代ではあるが元気で，何より子ども好きだ。長時間となると難しいが，２～３時間であれば十分にひ孫守ができる（親戚による実体的サポート）。実家にいる姉は日中勤めに出ているが，育児のノウハウや経験を教えてくれる心強い存在だ（親戚による相談的サポート）。ただ，サオリ曰く「恋多き姉」はほどなくして再婚し，隣町に引っ越していった。サオリ一家はしょっちゅう実家に足を運び，料理をもらったり，場合によっては食事を実家で済ませ，お風呂まで入ってアパートに帰ることもある。

福岡時代，サオリは子どもプラザを何度か利用したことがあった。徳之島にも地域子育て支援拠点や病児保育室があるが，車で30分ほどかかる隣町にまで行かなければならず，私的な関係が自然と優先される。サオリにとって徳之島の公的サポートで一番助かったのは「出産一時金（町独自の制度。第１子５万円，第２子10万円，第３子以降15万円が支給される）」である。姉は町内各地にあったへき地保育所が安くて利用しやすいとよく口にしていたが，近年の制度改正により数が減り，形態を変えている。

十月十日が過ぎ，サオリ家族は２人目の子を迎えた。その祝いの席上で，タカシはサオリの親戚たちから「家，どうするの」と尋ねられた。子どもをどこの小学校に入れるのか，すなわちどこの集落に腰を据えるのかという問いかけである。タカシは曖昧な返事でお茶を濁していたが，この話はサオリがあっという間にまとめてきた。「実家の敷地内なら土地代かからないし」「（シマは新築の）坪単価が安いし」「親もいいって言ってるし」。徳之島に来て約３年，タカシは島の人間関係の濃密さと複雑さ，のんびりとしているようで気が抜けない部分，わかりやすいようでわかりにくい独特の社会的性格など，シマの２面性のようなものをなんとなく理解し始めていた。闘牛に熱を上げ，選挙のたびに反目し合いながらそれを焚き物として盛り上がり，人に過剰に干渉しながらも急にサッと熱を下げる。何かあれば「元々シマの人じゃないから」で済まされることに，助けられもしたし，その粗雑な理解構造に嫌気がさしたこともある。しかしタカシは「なんというか，選べないような力」を感じ，家を建てる腹をくくった。タカシは週末や農繁期だけ農作業を手伝っていたが，この頃から畑を１枚貸してもらい，自分たちでバレイショの作付けを始めた。

呑むことが好きなタカシですら「多すぎ」と言い，サオリが「昔よりマシ」というのは，寄りあう頻度である。さまざまなメンバーやタイミングで集まりや反省会（という名の飲み会）が開かれる。冠婚葬祭や祝い事（新築祝い，年祝い）に加えて，サオリの小中学校の同級生（幼馴染）と，そこと部分的に重なる高校の同級生（友だち）たちは，誰かが帰省するたびに「○が帰ってくるよー」と連絡を取り合い集まる。年会という年齢で区切った同窓会もいくつかの単位（中学校～全島）で催される。これはサオリとタカシののちの物語となるが，子が小学校に入学してからは，子ども会や運動会やバレー大会の打ち上げも頻繁にあった。こうした複数本の友人ネットワークは子育てでも機能し，送迎や子の面倒をお願いするという形で助け合いがなされる（友人と近隣と親戚が重なり合う関係性による実体的サポート）。

4．4　育児環境の違い

結婚当初，タカシは「子どもは２人くらい」と考えていたが，徳之島に来て知ったのは「３人はざら，４人でも驚かれない，５人超えてやっとがんばったねって言われる」その独特なカルチャーである。家族ぐるみで付き合いのある子沢山の友人一家とバーベキューをしながら，サオリは「大変そうだけど，子どもが多いと楽しそう」と感じた。それが呼び水となったのか，さらに２年後に３人目を迎えた。冒頭に記した祝いの席である。サオリの血圧の問題から３人目はハイリスク出産と判断され，鹿児島市内の病院で出産せざるを得なかったが，幸い母子ともに無事であった（町独自の制度であるハイリスク妊産婦旅費助成を利用したが，渡航費が家計を圧迫した）。

ここまで触れてきたような家族・親族や友人のサポートは，島で育ったサオリにとっては予想の範囲内だった。むしろ，親のサポートのきめ細かさ――おやつのあげ方や量，遊びの内容等――に関しては福岡の義父母に軍配が上がる。ただ，サオリが「楽だなー」と感じるのは，育児ハードルの低さである。子どもたちをその辺で遊ばせていても危険が少ない。子ども同士でよく遊びに出かけるが，誰がどこの子かを地域の人はおおよそ把握しており，近所の人が「○，どこで何してたよー」と教えてくれるので，目を離していても安心できる。さらに，出先やお店で子どもが騒いだり，ぐずったりしても，咎めるような雰囲気は皆無どころか，逆に多くの人が声をかけてくれる。要は，子どもに手をかけなくても育っていく（ように思える）し，「子どもだから」という理解に多くのことが吸収され，細かなことで周囲に気を使わなくてよいのだ。

サオリは3子が1歳になる前に，町内の給食センターで会計年度職員として働きはじめ，子どもを保育所に預けた。シマに帰ってきてよかったのかどうか，それはわからない。帰ってきて得たものもあるし，代わりに手放したものもある。しかし，ひ孫の顔を見て，深いシワの刻まれた顔を歪ませながら目じりを下げるバーチャンの横顔を見ていると，サオリは自分が存在の大きな連鎖のひとつになったような気持ちになる。一方でタカシは徳之島については「まあ，いいよ，ここも」と，大雑把にしか答えなくなった。腹の内はサオリにもよくわからないが，休みの日，タカシは子どもを抱きかかえ，福岡に住む義母とラインのビデオ通話をする。孫の顔を見せながら笑うタカシの顔からは，潮っ気が抜け，近頃は土気が増したようにサオリには見えた。

4．5　育児ネットワークの差異

サオリの育児を振り返ると，まずは家庭内での夫の扶助があり，さらに実親が主だったサポート提供者となっているというあや子と同様の構造が確認される。あや子との違いは，きょうだいや祖母など親族扶助が部分的にみられること，そこに友人や近隣住民などによるサポートも加わり，複数本のネットワークが機能していることである（一方で制度の利用はあまりみられなかった）。もちろんこの背後には，親との居住距離の違いや，制度の有無やそこまでのアクセスの問題，そして離島という地理的要因が伏在しているだろう。

5 現代における育児の共同化について：地域的な視点から

九州のふたつの地における育児をふたりの母親の経験に即してここまでみてきた。育児ネットワークの内実が，居住環境，各ネットワークとの物理的・心理的な距離，制度の有無といった生活条件の違いによって異なるものとなっていく，その形成過程を事例から見て取ることができただろう。

家族，地域，そして制度を組み合わせることによって育児の分有がなされていると整理できるが，その点を考えるために，議論の補助軸をもう 1 本引いてみよう。落合恵美子らはアジア社会の**ケアレジーム**の比較研究——介護や育児における国家・家族・市場・コミュニティなどのはたらきを比較するもの——に際してケアダイアモンド図式を用いている。それを参考に，福岡市と徳之島における育児の分有を図示したものが図 2-2 である。

両者で大きく異なるのはコミュニティの位相である。福岡市では子どもプラザ，育児サロンなど，（半）制度的な取り組みが地域のネットワークと部分的に関連している一方で，徳之島においては関連をもたず，むしろ家族とコミュニティが重なり合っている（もとをたどれば，集落の半分以上が親戚など）。この図式はあくまで視覚的に整理したものであり，その形態に優劣があるものでは

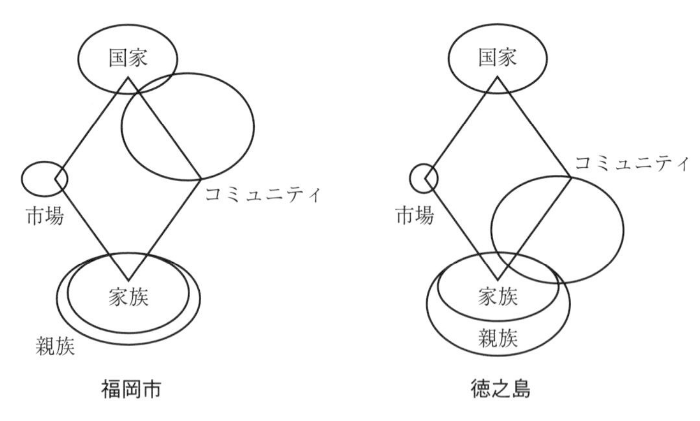

図2-2　育児のケアダイアモンド

出典）落合・阿部・埋橋ほか（2010）を参考に作成

当然ないが，こうした視点をふまえながら，どのようなネットワークが構築され，それが育児にどのような影響を及ぼすのか，そしてそこにおいて家族はいかなる役割を期待されており，国家（政府や地方自治体）や地域（コミュニティ）の役割はどのように位置づけられているのかを調べていく作業は家族社会学の重要なテーマのひとつだろう。本章が，その理解の一助となれば幸いである。

注

1）調査は両地点ともに乳幼児検診の参加者を対象に実施され，回収率は実質的に100％であった。城南区調査は2022年6～7月，伊仙町調査は2023年2月に実施されたものである。なお両地点ともに男性回答者が5～8％含まれており，分析に含めている。

2）ここに登場するふたりの母親は実態に即した架空の人物であり，それぞれの地点における調査結果（複数名の語りや事例）を，具体的な文脈を損なうことなく1名に圧縮したものである。ただし，両名がそれぞれの地点における代表例というわけではない。2地点における育児サポートの全体像については，益田（2023）において報告をしている。

3）この感覚を，牧野カツコは育児不安の構成要素として尺度化している（牧野1982）。育児不安とは，疲労感・気力の低下・イライラの増大・育児の不安や意欲低下であり，今風にいえば，一種の抑うつ状態（の入口）である。牧野の研究以降，母親の育児不安をとらえる研究が数多くなされたが，その主な発見は，不安の度合いは母親が日常的に取り結ぶ育児ネットワークの広さや密度に大きく規定されていること，そして夫のサポートが不安を軽減することである。

参考文献

牧野カツコ，1982，「〈育児不安〉の概念とその影響要因についての再検討」『家庭教育研究所紀要』10：23-31

益田仁，2023，「徳之島・伊仙町はなぜ出生率が高いのか―育児ネットワークの地域間比較から―」『共生社会学』12：91-124

落合恵美子，2019，『21世紀家族へ［第4版］―家族の戦後体制の見かた・超えかた―』有斐閣

落合恵美子・阿部彩・埋橋孝文ほか，2010，「日本におけるケア・ダイアモンドの再編成―介護保険は『家族主義』を変えたか―」『海外社会保障研究』170：4-19

太田素子，2011，『近世の「家」と家族―子育てをめぐる社会史―』角川書店

山下亜紀子，2022，「農山村地域における子育ての実態」山本努編著『よくわかる

地域社会学』ミネルヴァ書房：72-75

自習のための文献案内

① 広田照幸，1999，『日本人のしつけは衰退したか―「教育する家族」のゆくえ―』講談社

② 落合恵美子編著，2015，『徳川日本の家族と地域性―歴史人口学との対話―』ミネルヴァ書房

③ 松田茂樹，2008，『何が育児を支えるのか―中庸なネットワークの強さ―』勁草書房

④ 松岡由紀，2016，「都市の子育て・島の子育て―『子宝日本一』の町より―」沼尾波子編著『交響する都市と農山村―対流型社会が生まれる―』農文協：91-112

①はしつけをテーマとしながら，家族・地域・学校による教育の分有の歴史を論じており，「教育する家族」の存立過程を知ることができる。②は日本列島の多様な地域性と家族のかたちを知ることができる書であり，本章で取り上げた徳之島の家族・世帯構造の歴史的特徴を知るのにも役立つだろう。③は育児ネットワークについての基本文献のひとつであり，強すぎず弱すぎない〈中庸な〉ネットワークの重要性を指摘する。④では徳之島における子育てが，経験者の目線から綴られている。

第3章

障害児のケアを行う家族

山下　亜紀子

1 育児支援の網の目からこぼれ落ちる障害児の家族たち

「いつでも，どこでも戦っている感じがしている[1]」
「この場（障害児の親の会）だけが life saving の場のように感じる[2]」
「子どものことで人前で泣いたことなかったんですけど（中略）自分でひくくらい泣いてしまったんですけども，多分，自分の中で，1人で育ててるので，多分，ストレスがたまってたんだなというのに気づかされて[3]」

上記の語りは，筆者が研究の過程で出会った発達障害児の母親のものであり，いずれも母親同士の会合で聞き取ったものである。1番目と2番目の発言は，ロンドン・サットン地区のアスペルガー症候群の子どもの親の会と行政との話し合いの場で，3番目は，宮崎県都城市の親の会の場で聞かれた語りである。いずれも育児に関する支援などなく，極度に孤立し，苦しみの中におかれていることがうかがえる。

本章では，障害児のケアを行う家族にフォーカスする。育児を社会で支える方向性は，万全の環境となったとは言えないものの，ある程度順調に進んでおり，官民によるさまざまな支援が広がりつつある。1995年に**エンゼルプラン**が実施されて以降，さまざまな育児支援政策が示され，公的支援は拡充してきた。また，阪神・淡路大震災を契機に市民活動やボランティア活動の機運が高まり，1998年に**特定非営利活動促進法（NPO法）**が施行されたことも相まって，市民活動が活発となったことも，民間の育児支援活動の広がりにつながっている。

こうして社会で育児を支える環境が充実する一方で，障害児の家族は，そうした支援からこぼれ落ちてきた。上記の語りがあらわしているように，障害児の家族は，ケア責任を排他的に背負い，通常の生活を送ることにいちじるしい困難を来している状況にある。なぜ彼らは，孤立し，苦しみを抱えるのだろうか。ここではそうした家族が抱える困難の実態やその背景について，迫ってみよう。

2 障害のとらえ方の変化と障害者福祉の進展

まずは家族がケアをしている障害児に照準をあて，障害が社会においてどのようにとらえられてきたかについてみておく。

障害者は比較的最近まで，酷い，かつさまざまな差別の下におかれてきた。日本の社会においては「私宅監置」という制度が1950年まで続き，精神障害者を自宅の一室や敷地内の物置小屋などに閉じ込め，監禁することが行われていた。また近年，訴訟等が起こり記憶に新しいが，法律に基づき知的障害や精神障害などの人に対する不妊手術が国により強制されていた。このどちらも，戦後のことでそう古い話ではない。障害をもつ人びとは人権なき状況におかれてきたといえる。

しかし近年，障害のとらえ方は転換し，障害者をめぐる状況は大きく変化してきた。この障害観の変化について，「話題になっている映画を観にいきたいが，字幕がなく内容がわかりづらいため，あきらめている聴覚障害者がいる」という状況を例に考えてみよう。あきらめている状況は，その人には音が聞こえづらいから生み出されているのだろうか，あるいは映画製作会社が字幕を用意していないから生み出されているのだろうか。前者は従前の考え方であり，障害を個人の心身の損傷や欠損（インペアメント）の状態とする「**障害の個人モデル**」によるとらえ方である。このモデルでは，個人が有する問題に対し医療による治療などが必要とされる。それに対して後者は新しい障害観である「**障害の社会モデル**」によるとらえ方であり，社会（モノ，環境，人的関係等）が障害のある人びとの生活の障壁になっているという考え方が軸となっている。この障害観のもとでは，映画製作会社が字幕を用意していないから，聴覚障害をもっている人は，映画を観にいくことをあきらめる状況が形成されている，ととらえることになる。

「障害の社会モデル」は，イギリスの障害者運動を源流とし，障害学が学術的に立ち上がる中で発展してきた。杉野昭博は，「障害者個人に問題の責任を帰するのではなく，障害がもたらすさまざまな問題を，社会の問題として社会的解決を模索する方向」（杉野　2007：117）に転換するものだったと指摘している。このモデルは，2006年に国連で採択された「障害者権利条約」に取り入れられ，本条約を日本は2014年に批准しているが，それ以前の2011年の「障害者基本法」の改正，2013年「障害を理由とする差別の解消の推進に関する法律」（通称「障害者差別解消法」）の成立にも影響している。「障害者差別解消法」では，行政機関や事業者に対し，障害のある人に対しての「合理的配慮の提供」を求めることとなり，「障害の社会モデル」の社会的実践へとつながった。「合理的配慮の提供」とは，障害者から社会の中にある障壁を取り除く必要性が伝えられた時に，必要な対応を行うことをさす。

法整備も進んだことから，「障害の社会モデル」は実効性をともなうものとして普及しつつあり，障害者が抱える困難を社会において取り除こうとする動きが定着しつつある。また現在では，地域において自立生活を送るための支援が障害者福祉サービスの大きな柱として位置づけられており，障害者の人権擁護や福祉サービスの充実については，大きく進展してきたといえる。

Practice Problems　練習問題 ▶1

日本社会における「障害の社会モデル」の浸透度について考えてみよう。教育の場や就労の場においては，どのような合理的配慮が実施されているかについて調べてみよう。

3 近代家族という頸木からくる家族のケア負担の重さ

こうして障害者をめぐる人権擁護や福祉が進展してきた一方で，障害児・者のケアを担ってきた家族はどのような状況におかれているだろうか。これまでの研究においては，障害者のケアを担ってきた家族が抱える問題が大きいことが指摘されている。とくにケアを母親が排他的に担っていること，また母親たちがさまざまな問題を抱えてきたことが明らかになっている。以下では，母親たちに立ちはだかる問題について，まずは，障害児家族の初期の研究から概観してみよう[4)]。

岡原正幸は，障害児と親は密接な関係にあり，同一体とならざるを得ないという。一体化する中で，障害者の自立は阻まれ，一方の親たちは子殺しなどの悲劇へと帰結することもあった。1970年代に障害当事者が展開した「脱家族」の運動論は，こうして閉じられた親子関係を前提として広がったものである[5)]。なぜ親子が一体化するのか。岡原は，愛情を結合原理とし，また性別役割分業が組み込まれている近代家族にその根拠を求めている[6)]。**近代家族**において，女性は家族の内部へと囲い込まれ，また家庭内のことに関わり，その責任を担うようになる。また女性や母親が家庭内のこととして，育児を集中的に担うのはあたりまえのことであり，女性の本性として母性愛があることがその裏付けとして説明された。岡原は，こうした近代家族のもとで，母と子どもは閉鎖的な情緒空間におかれ，障害児の家族の場合，障害者の自立は論外であり，その大変さが母親と子どもの関係の内部にのみ宿るという（岡原　1990＝2012)。

障害児の親について，近代家族論とアイデンティティという視点から論じるのが**石川准**である（石川　1995)。石川は，障害児の親たちは，まずは「障害児の親」というレッテルを拒否し子どもの障害を否定するという。しかしやがて「障害児の親」は，親たちにとって中心的なアイデンティティとして引き受けられていく。「『障害児の親』を拒否することで存在証明を守ろうとしていたのを止めて『障害児の親』として適切にふるまうことによって再び存在証明を達成しようとする」（石川　1995：36）という変遷をたどるのである。ここに示される親としての適切なふるまいとは，近代家族の母親役割を拡大したものであり，「愛情深い親であること，子どもの育児と世話に責任を持つ親であること，子どもが社会の迷惑にならないように子どもの監視を怠らない親であること」（石川　1995：36）が該当する。石川の議論からは，障害児の親が近代家族の母親としてそのアイデンティティを獲得していくことが示されている。

さらに**要田洋江**の研究は，日本における障害児家族の体系的研究の嚆矢ともなるものである（要田　1999）。要田は，障害児の母親たちが差別されていることに着眼し，その差別のしくみを，日本社会の構造における２つの側面から解明した。第１に，日本の日常生活世界における差別のメカニズムが取り上げられている。要田によると，私たちの日々の生活世界は，「障害者」，「健全者」の２つのカテゴリーで区分されており，かつ「健全者」による「障害者」への差別の仕組みがあるという。いわば「障害児は社会の迷惑だ」という障害者差別の枠組みがある。また差別に関して「世間」という枠組みが重要なキー概念として提示され，「多くの差別的行為は，『人々の世間から排除されないよう』意識して行動する生き方が引き起こす（のではないか）」（要田　1999：95）という視点が示されている。障害者差別の枠組みのもと，障害児の親たちは，わが子に対するとまどいやショックをもつ。そして「『世間』の常識から言えば間違いなく劣位に位置する」（要田　1999：102）障害児の家族は，障害を隠す行為を選択し，わが子を恥じ，ひいてはわが子を差別することに帰結する。こうして，親たちが差別される対象であり，同時に差別する主体となる両義的存在であることが説明されている。差別が引き起こされる第２の側面は，日本社会の社会福祉システムという社会制度の面から明らかにされている。要田は，日本の社会福祉システムは，「家族集団単位の残余的福祉モデル」（要田　1999：12）であるという。そして「女性や障害者への冷淡さは，まさに日本の『家父長制』の性格からくる」（要田　1999：12）とし，社会福祉の仕組みにおいても，女性にはケアを強要されていることが示されている。以上の要田の研究は，障害児の親に関して，世間から「差別される存在」であると同時に，障害児を「差別する存在」として位置づけた点が特徴的である。しかしながら，母親は，「もっとも差別される立場から逃れられない位置にいる」（要田　1999：67）ことが強調されるように，差別の客体となることから逃れがたく，むしろそれに付随して差別の主体となるような解釈もできる。こうして障害児の家族が障害者とともに差別される立場におかれる事実への着目は，社会学的に重要な発見であったといえよう。

これら障害児の家族研究の初期のものは，近代家族論に基づく問題として展開されている。近代家族の枠組みにおいて，子育ての主たる担い手である母親は，障害児とともに閉鎖的な空間に囲い込まれ，そして世間や社会に迎合し障害児の親としてのアイデンティティを自ら引き受けていく。また，障害児とともに差別を受ける立場におかれるのである。

4 社会から要請される家族によるケア

最近では，近代家族論に基づく障害者家族研究に加えて，新たな視点を導入した研究も登場している[7)]。**土屋葉**は，前節において示した研究の成果では，家族の空間が障害者や母親に対し抑圧的に働くこと，また家族の空間において母親に対して働く愛情規範が存在し，これに起因して母子の囲い込みの構造がつくられるという重要な知見が示されており，障害者家族の理解に貢献したことを評価している。しかし一方でこれらには不足している視点があるという（土屋　2002)。欠けているのは，家族内部の関係性や家族に関わる規範であり，土屋は，家族に関わる行為に焦点をおき，「行為者の主観的な意味付与を，行為者の意図や意味や経験に関連付けて把握する」（土屋　2002：120）方法によって障害者家族のリアリティをとらえようとした。分析の結果，「障害者の母親」のリアリティとして「訓練を施す母親」，「介助する母親」の２つの側面が明らかになっている[8)]。「訓練を施す母親」とは，医療分野における専門職から期待されるものであり「障害児であると診断が下された次の瞬間から，子どもに訓練を施す役割」（土屋　2002：175）が母親に付与される。専門職から母親へ向けられる視線のもと，母親たちは積極的にあるいは消極的にこの役割を担っていく。「介助する母親」とは，「訓練を施す母親」のように，誰かから直接的に要請されるものではないが，母親がもつ子どもへの罪責感を背景に当然の役割として引き受けられるものである。また，ジェンダー役割としても引き受けられるものでもある。土屋は行為者の意味世界を重視しながら２つの母親のリアリティを見い出しているが，前者については医療専門家集団による正しい母親としての方向づけやサンクションがあること，後者については性別役割分業を遂行している父親や社会福祉制度が母親が介助することを前提としており，こうした外部のもつ家族規範やまなざしが２つの側面を強化する装置になっているという。土屋の研究からは，障害児の母親は，家族に関する規範に基づく外部の要請に応答しながら，自ら障害児の母親役割を遂行していることが示されている。

次に，母親が障害児福祉を実現する役割を担っているという重要な論点を導き出した研究を紹介しよう。重症心身障害児の親の調査を行った**春日キスヨ**は，障害児の母親は家族の自助規範，愛情規範のもとに，母子一体化を強いられており，「子どもに対する加害者である以上に，障害児と同様，この社会の仕組みによって深く奪われている存在」（春日　2001＝2015：112）であることを明らかにしている[9]。そして親の生活が剥奪化されていることの理由として福祉制度に言及しており，「『家族愛』を家族の自明の本質として，制度の基盤にそれを組み込んでつくられている」（春日　2001＝2015：106-7）という点を問題として指摘している。

母親たちが**障害児福祉**を実現する主体となっていることをさらに明確に示したのは**藤原里佐**の研究である（藤原　2006）。藤原は，重度障害児の母親の分析から，療育機関や教育機関が，子どもの発達と障害の対応にあたって母親を組み込んだプログラムを展開しているという。たとえば養護学校での指導や療育機関での生活支援は，母親の協力があることが前提である。学校や施設は，「子どものために」というタームによって母親を拘束し，母親依存の体質が存在している。また障害者福祉が脱施設化と在宅生活の方向に向かうにつれ，在宅生活を可能にする条件として，母親の役割が必要とされていることも指摘している。「重度障害児の在宅生活は，福祉制度や地域サービスの貧困さを補うだけの支え手＝家族のマンパワーが必要となり，とりわけ母親が子どもの暮らしを支える役割を強固に担うことで，障害児の生活が保障されるという仕組みが作られてきた」（藤原　2006：197）と，障害児の福祉のために，母親の存在が不可欠であることが示されている。こうして，福祉や教育の場において母親によるケアを前提とする視点があり，家族は福祉の担い手と位置づけられてきた。これらの研究からは，外部からの要請に応じて，母親がケア役割を遂行し，子どもの福祉を実現する要素として社会に組み込まれていることが明らかになっている。

ここで障害児家族についての問題を総括すると，第１に健常—障害の２カテゴリーにおける障害への差別構造のもとで，親たちも差別を受けていること，第２に近代家族の枠組みにおいて，子育ての担い手を母親が専従的に引き受け，障害児の親としてのアイデンティティを自ら獲得すること，第３に母親が，福祉や教育などの領域において，障害児の福祉を実現するための役割を要請されていることが明らかになったといえる。では，こうした状況下におかれている障害児の母親たちは，実際にどのような生活を送り，どのような生活上の困難さを抱えているのだろうか。とくに筆者が見つめ続けてきた発達障害児の母親たちが抱える生活の問題についてみていこう。

Practice Problems　練習問題 ▶ 2

障害児の親においては，自分が亡くなったあとの子どもの生活を心配する「親なき後問題」が大きな問題となってきた。「親なき後問題」とはどのような問題かを調べ，この問題が親にとって重大な関心事となる理由について検討してみよう。

5 発達障害児の母親が送っている生活の実態：量的分析の結果から

本節では，筆者が実施した量的調査研究をもとに母親の生活の実態を示す。この調査は，発達障害を中心とする障害児の家族会，親の会の４団体の協力を得て，2019年～2020年にかけて実施したものであり，発達障害児の母親を研究対象として分析した研究である[10]（山下　2021）。

まず子どもやケアの状況についてまとめたものを表3-1に示した。複数の障害児をもつ対象者は1割以上となっている。また子どものケアの担い手は，約9割と母親に集中しており，母親が主なケアの担い手となっていることが示されている。

子どものケアにともなう母親の状況については表3-2にまとめた。まず対人関係を概念化したものであり，良好な健康状態やストレス緩衝効果との関連を分析する際によく用いられる**ソーシャル・サポート**についての結果についてみてみよう。この調査では「あなたは，障害をお持ちのお子さんのことで，悩んでいることや困っていることについて，日常的に相談できたり，話を聞いてくれたりする人はいますか。」という質問文を用意し，情緒面におけるサポートについて聞いた。その結果，ほとんどの対象者がサポートを得ていることがわかった。またソーシャル・サポートの種類別にも聞いていることから，その結果を図3-1に別途示している。配偶者，親の会の仲間，医療専門職，行政機関の人が3割を超えてサポート主体となっているが，多くの親にとってのサポート源は，これらの種類に限定されており，サポート源になっている人の幅が狭いことがわかる。

表3-1　子どもやケアの状況

		実数	比率（%）
障害児の数	1人	135	83.3
	2人	24	14.8
	3人	2	1.2
	4人	1	0.6
ケアの主体 （子どもからみた属性）	母親	143	88.3
	父親	3	1.9
	その他	6	3.7
	無回答	10	6.2

出典）山下（2021：74）より転記

表3-2　子どものケアにともなう状況

ソーシャル・サポート	無し	5	3.1
	有り	154	95.1
	無回答	3	1.9
障害についての偏見・差別	よくそう感じる	46	28.4
	ややそう感じる	69	42.6
	どちらともいえない	23	14.2
	あまりそう感じない	17	10.5
	そう感じない	1	0.6
	無回答	6	3.7
子どもの育て方で責められた経験	無し	63	38.9
	有り	95	58.6
	無回答	4	2.5

出典）山下（2021：74）より転記

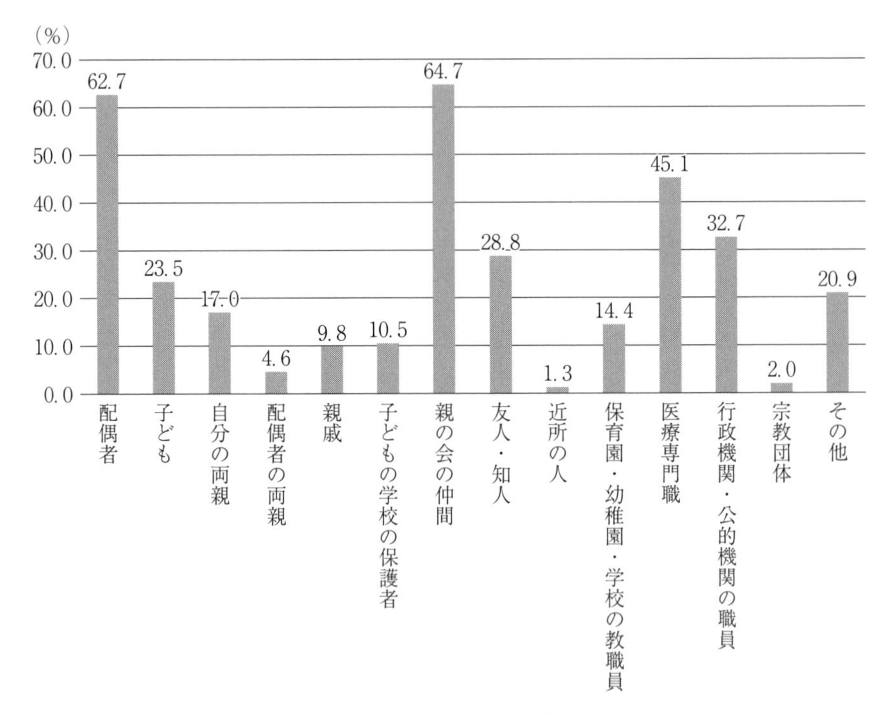

図3-1　ソーシャル・サポート源

出典）山下（2021：74）より転記

障害に関する偏見や差別については，「よくそう感じる」「ややそう感じる」をあわせて約７割であった。また子どもの育て方で責められた経験については，経験がある対象者は約６割であった。責められた経験については，その関係性を聞いているが，配偶者，自分の両親，配偶者の両親が３割程度であり，近い関係性の家族が多いことが示された。また学校の先生も３割を超えており，比率が高くなっている。

この調査結果からは，やはり母親が子どものケア役割をもっぱらひとりで引き受けていることが示されている。また母親に対する情緒的支援関係については，サポートを得ている対象者が多数派ではあるが，同時に，有効なサポート源となっていたのは，配偶者，親の会の仲間，医療専門職，行政機関の人のみであり，サポートしてくれる関係性が限定され，支援に恵まれていないという風にも解釈できる。さらに障害に関する差別経験をもつことが多く，これについては，先に示した要田（要田　1999）の指摘通り，障害に対する差別が根強い中で，親である母親も一緒に差別される状況にさらされているということがわかった。加えて子育てで責められた経験をもつ人も多いことが明らかになったが，これについては，子育てのエージェントとして母親が当然視されており，子どもの問題は母親のしつけや子育ての問題として人びとがみなしているととらえることができよう。

6　発達障害児の母親が抱える生活上の問題：質的分析の結果から

次に，発達障害児の母親が，広く生活全般にわたって抱えている問題をとらえることとしよう。筆者は，発達障害児の母親に対して実施した複数回のグループインタビュー調査をもとに生活上の問題を分析し，次の５つの問題を抽出した（山下・河野　2013）[11]。５つの問題ごとにその内容をみてみよう。

(1)　障害児の言動による生活の混乱

まず，障害児の言動により母親の生活が混乱するという問題があった。この混乱は，5つの側面から構成されていた。第1に，母親が従事する仕事に関する問題が明らかになった。ケアに専念せざるを得ないことから，仕事を辞めていたり，仕事に子どもを連れて行かざるを得なかったり，仕事中に子どもに呼び出されたりして，仕事に支障がでる状態が見い出された。第2に，生活していく上で，子どもの暴力的行動やパニックとしばしば隣り合わせとなっていることがわかった。たとえば，子どもが自宅の家電製品を壊したり，窓ガラスを割ったりするなど家のモノが壊れる状況や，母親自身が子どもから暴力をふるわれることがみられた。また子どものパニックにより，混乱した状況に陥ることもみられた。第3に，子どものこだわりに基づく行動が母親の生活に影響していることがわかった。まず子どもの食のこだわりにより，予定外の買い物に行ったり，夜中に子どもと一緒に料理をしたりするなどの行動がみられ，子どものこだわりに母親の生活が支配されていた。次に子どもに外見のこだわりがあり，やせ志向があることから家中の鏡をなくすなどの対応をしていたり，完璧な身なりをめざすために，外出までにかなりの時間を要したり，外出ができないといった問題がみられた。第4に，生活時間が不規則になることがあった。子どもにつきあい夜通し起きておくことから，昼夜逆転の生活を送るという状況や，通常とは異なる生活時間を送る子どもとの暮らしにより，生活リズムが乱れる状況もあった。第5に健康状態の悪化がみられた。体のきつさを感じたり，体重が減少したりするなどの身体的不調が出る問題と，日常的に精神的ストレスに見舞われたり，精神疾患にかかったりするなどの精神的不調を来す状況があった。

⑵　子育てモデルがなく，試行錯誤している状況

次に参考にする子育てのモデルがないために，子育てについて試行錯誤している状況がみられた。この問題状況は，4つの側面から構成されていた。第1に，障害特有の言動への対応や子どもとのコミュニケーション方法がわからないという問題があることがわかった。第2に子どもの思春期の時期に子どもへの対応に迷い，戸惑う姿がみられた。思春期にともなう子どもの変化や，性的な興味・関心への対応がわからない状況があり，成長にともなって生じる変化に苦慮している状況がみられた。第3に子どもの学習の支援に関わる問題があった。子どもが学校の勉強についていけてない状況があり，支援の方法がわからずに，苦慮していたり，学校から出される宿題の対応に時間がかかったりする問題もあった。第4に学校や学級を選択する際の悩みがみられた。就学前においては，小学校について，特別支援について積極的な取組みの実績のある学校の校区へ引っ越すべきかという悩みや，通常の学級か特別支援学級かという学級籍の選択に関する悩みもみられた。また高校進学時においても，入学試験に合格できる学校や円滑に学校生活を送ることのできる学校があるのか，また高校に進学して単位習得ができるのか，などが心配の種となっていた。

(3)　支援環境との物理的・心理的距離感

3つ目に支援環境との摩擦がみられ，これは，3つの側面から構成されていた問題であった。第1に医療機関からの支援が得にくい問題がみられた。専門病院が都市部にしかなく，地理的距離があることや，発達障害に関する専門医が少なく，診察の予約が取りづらいことなどの問題が感じられていた。第2に福祉の専門機関からの支援が得にくい問題があった。検査や相談の予約が取りづらい状況や，専門機関の対応に対して不信感を抱かれることもあった。第3に子どもの通う学校，幼稚園，保育園からの支援が得にくい問題もあった。担当する教員が継続されない問題や教員の資質で対応が異なることから，教員に対する心理的距離感が形成されており，また子どもの対応について要望を受け入れてもらえないと感じられる状況もみられた。

(4)　良好ではない周囲との関係性

4つ目に人間関係がうまくいかないという問題があり，3つの側面から構成されていた。まず夫との関係性が良好ではないことが示された。夫の仕事が忙しいため，障害児を育てることの大変さをわかってもらえないこと，障害特有の行動などについて夫が子どもや母親を責めること，夫が障害について受け入れようとせずに，子どもの対応を担ってくれない問題などがみられた。第2に学校や幼稚園，保育園における保護者仲間との関係がうまくいかないことがみられた。保護者からの冷たい視線を感じること，親密な関係性になることができないこと，さらに参観日の懇談会などで顔をあげることができないといったことに表れるように，対面時の憂鬱な気持ちになる問題がみられた。第３に子どもの教員との関係が良好ではなかったり，悪化したりする側面があった。これは，教員が障害について理解しない問題や，理解を得ようとすると嫌がられるという問題があり，また対応が冷たいとも感じられていた。また教員に遠慮せざるを得ない状況もあった。

(5) 日常的に生じる心理的負担感や葛藤

５つ目に心理的負担感や葛藤が常にみられ，この問題は５つの側面から構成されていた。第１に生活の大変さを覚悟したり，生活の大変さを克服したりすることを諦めるという問題があった。まず子どもに障害があると気づいた時や，障害の診断時には親としての大変な生活を覚悟する。そしてその後は，生活の大変さを克服することを諦める気持ちが生じていた。第２に，心の余裕や理性を失いがちな状況がしばしばみられた。日々の生活の中で，子どもに対して理性を失った言動をとったり，相談先において涙を流したりするなど感情的になる状況があった。第３に，子どもを拒絶する気持ちと，同時にそうした気持ちに対する罪悪感がみられた。子どもと常に一緒にいることが耐えられない気持ちや，施設に入所したり，眠ったりする時などには，子どもと離れてせいせいする気持ちが形成されていた。一方で，そのような気持ちは，いずれも罪悪感を生じさせていた。第４に子どもの障害を受け入れることについて難しさがあった。勉強や生活を他の子どもと同じようにさせたい気持ちや，障害の診断がつくことを恐れる気持ちがみられた。第５に子どもの障害を隠したい気持ちがみられた。障害児であることを知られることを恐れる気持ちや，周囲に知られた際には，スティグマが生じることを恐れる気持ちがあった。さらに障害について知られることで子どもがいじめにあうことも危惧されていた。

図3-2は，以上の５つの生活上の問題の関連やつながりを示したものである。障害児の親としての生活がはじまると，障害児の言動によって母親自身の生活が混乱し，同時に障害児を育てる上でのさまざまな問題が生じていた。母親は，このうち後者の問題の解決をめざしており，子どもに関する問題につい

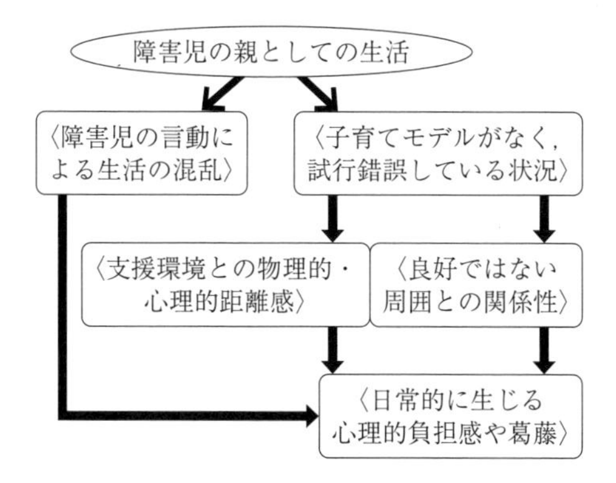

図3-2　生活困難における相互の関係性

出典）山下・河野（2013：250）より転載

て周囲にはたらきかけ，支援を得ようとしていた。しかし思うような支援を得られず，むしろ周囲の関係性で冷たい視線や言葉にさらされ，孤立していく状況が生じていた。一方母親自身に生起する問題については，ほとんど対応がなされず放っておかれていた。母親自身の問題は解決がめざされずに継続していく状況と，育児においての問題について解決しようとするが，結局支援を得ることができず孤立していく状況の2つの側面から，母親に日常的に心理的負担感や葛藤が生じていることがわかった。

哲学者である **E. キテイ**は，ケアの必要な状態を依存，ケアすることを依存労働と呼び，ケアすることにおいては，「他者のニーズを満たすために自分自身のニーズを後回しにするか括弧に入れるような自己が求められる」（Kittay 1999＝2010：126）とし，その状態を「**透明な自己**」とよぶ。筆者が出会ってきた発達障害児の母親たちも，子どもの問題を解決しようと孤軍奮闘するが解決できずに孤立し，一方で，自分自身に起こった問題は後回しとなり，放置されていた。まさしく「透明な自己」の状態であったといえる。

7 障害児の家族を支える仕組み「ドゥーリア」の必要性

私たちは小さい子どもであったり，病気になったり，けがをしたり，障害をもっていたり，年老いていったりして，誰もがケアを必要とする時期がある。こうしてケアが必要な状態は，私たちの人生に必然であるという気づきがケアをめぐる学問においてみられてきた。そして，人生の必然に対するケアに対して，家族の中でも女性メンバーがその営みを引き受けてきたことも明らかになっている。

生きていく上で必然のケア行為に従事してきたことにより，女性たちは不利な立場におかれ，社会的に排除されてきた。さらに，社会はその問題に関し見て見ないふりをし続けてきた。「男性中心主義的な知や社会のなかでは無視され価値がないものとみなされてきた女性の様々なケア行為」（元橋　2021：8）に焦点をあてたケア・フェミニズムの議論では，ケアを行う女性たちが社会的に排除されているにもかかわらず，これまで不可視化されてきた問題を明るみにしている。たとえば，法学者のM. ファインマンは，ケアの必要な状態をキテイと同じく依存と表現し，依存を「**不可避の依存**」と「**二次的依存**」という2つに区分する。前者は，先に述べたように，ケアの必要な状態は誰でも経験することであるから，人生において避けることができないという意味をもつ。後者については，ケアに従事する人は，ケアを行うことにより，他者に依存せざるを得ない状態に陥るということを意味する。すなわち，ケアに従事するために，経済的な面において夫などの他者に頼らざるを得ない状況となるのである（Fineman　1995＝2003）。キテイも，依存労働においては，稼ぎ手に対する経済的依存である二次的依存が生じており，それらにより不平等な立場におかれていることを下記のように表現している。

> ケア責任を免れている女性，子どものいない女性は，賃金報酬において，男性に近づいています。しかし，女性全体の労働力率の増加，教育水準の達成にもかかわらず，子どものいる女性は，そうなっていません。（中略）合

> 衆国でも世界のどこでも，あいかわらず，依存者のケアをする責任を担っている女性は，より貧しく，平等を実現しがたいのです。(Kittay　1999＝2010：3)

こうしてケアに従事する女性たちは，貧しく，また不平等な立場におかれることがようやく問題として顕在化してきた。本章でみてきた障害児の家族，とくに母親たちも，ケアを行うことで，さまざまな生活上の困難に見舞われ，助けの手も差し伸べられずに，一人孤立して苦しい立場におかれている。

この問題に対して，キテイは，ケアを行う人たちを支える仕組みの必要性を訴え，「**ドゥーリア**」という概念を示している[12)]。「ドゥーリア」は，入れ子状の構造であり，次のような仕組みで説明される。

> ケア提供者は，依存者のケアに責任を負う。そこで社会は，ケア提供者の福祉に注意を払う方法を探すのだ。それによって，ケア提供者の労働と彼女たちが向ける関心とが搾取されることなく，ケア提供者が依存者への責任を果たすことが可能になる。(Kittay　1999＝2010：244-245)

こうして，キテイは，ケアのニーズに対応するケア提供者を社会が支える社会的支援の仕組みを構想した。ケアを行う人が不利益を被ることなく，正常な社会生活を継続できる社会的支援の理念型として示されたものである。

冒頭に述べたように，障害児・者のそのものの人権擁護や福祉は進展してきた。一方で人生において不可避であるケアの状態を支える人たちは，孤立し，苦しみを抱え，社会的排除の状態におかれている。ケアを担っている家族を支える仕組みを構築し，その具体的な支援策を早急に講ずるべきであろう。

Practice Problems　練習問題 ▶ 3

障害児のケアをしている人を支える「ドゥーリア」の仕組みとしてどのようなものが考えられるだろうか。具体的な支援の枠組みを検討してみよう。

注

1) 2013年6月27日，筆者がロンドンにおいて実施した調査において聞き取った発言である。
2) 同上。
3) 2013年3月22日，筆者が宮崎県の親の会における調査において聞き取った発言である。
4) 本節は，山下（2018）の内容の一部を再構成したものである。
5)「脱家族」の動きは，1970年代から脳性マヒ者を中心とする当事者の社会運動に端を発し，自立生活運動の中でみられた。岡原は，この背景として，障害者の親は，愛情のもとに「やさしい監視のまなざしを子供に向け（中略）子どもの自立を阻害する」（岡原　1990＝2012：128）存在であったことを指摘している。
6) 近代家族論の詳しい内容については，第1章を参照されたい。
7) 本節は，山下（2018）の一部を再構成したものである。
8) この2側面が抽出されたのは，土屋が調査対象としたのが，主に重度身体障害者の親と子どもであったことにもよるであろう。
9) 加害者の議論については，先に示した脱家族論の視点と共通であり，障害者に対する家族による抑圧があるというコンテクストのもとに論じられている。
10) 本節は，山下（2021）を再構成したものである。
11) 本節の分析部分は，山下・河野（2013）を再構成したものである。
12) 出産後の母親を支援する人を意味する「ドゥーラ（doula）」をもとに，キテイが新たに作った概念である。

参考文献

Fineman, Martha Albertson, 1995, *The Neutered Mother, The Sexual Family: And Other Twentieth Century Tragedies*. New York: Routledge.（＝2003，上野千鶴子監訳，速水葉子・穐田信子訳『家族，積みすぎた方舟―ポスト平等主義のフェミニズム法理論―』学陽書房）

藤原里佐，2006，『重度障害児家族の生活―ケアする母親とジェンダー―』明石書店

石川准，1995，「障害児の親と新しい『親性』の誕生」井上眞理子・大村英昭編『ファミリズムの発見』世界思想社：25-59

春日キスヨ，2001＝2015，『介護問題の社会学［岩波オンデマンドブックス］』岩波書店

Kittay, Eva Feder, 1999, *Love's Labor: Essays on Women, Equality, and Dependency*, New York: Routledge.（＝2010，岡野八代・牟田和恵監訳『愛の労働あるいは依存とケアの正義論』白澤社）

元橋利恵，2021，『母性の抑圧と抵抗―ケアの倫理を通して考える戦略的母性主義―』晃洋書房

岡原正幸，1990＝2012，「制度としての愛情―脱家族とは―」安積純子・岡原正

幸・尾中文哉・立岩真也『生の技法─家と施設を出て暮らす障害者の社会学─［第3版］』生活書院：119-157
杉野昭博，2007，『障害学─理論形成と射程─』東京大学出版会
土屋葉，2002，『障害者家族を生きる』勁草書房
山下亜紀子，2018，「障碍児の母親はどのようにとらえられてきたのか─社会学研究のレビュー─」『人間科学共生社会学』8：31-39
──，2021，「発達障害児の母親の生活実態とQOL─日本語版社会的ケアQOL尺度（ASCOT Carer）を用いた調査の分析─」『人間科学共生社会学』第11号：69-81
山下亜紀子・河野次郎，2013，「発達障害児の母親が抱える生活困難についての研究」『日本社会精神医学会雑誌』22(3)：241-54
要田洋江，1999，『障害者差別の社会学─ジェンダー・家族・国家─』岩波書店

自習のための文献案内

① 山本努・吉武由彩編著，2023，『入門・福祉社会学─現代的課題との関わりで─』（「入門・社会学」シリーズ　1）学文社
② Oliver, Michael, 1990, *The Politics of Disablement*, Macmillan Publishers Ltd.（＝2006，三島亜紀子・山岸倫子・山森亮・横須賀俊司訳『障害の政治─イギリス障害学の原点─』明石書店）
③ 要田洋江，1999，『障害者差別の社会学─ジェンダー・家族・国家』岩波書店
④ エヴァ・フェダー・キテイ著，岡野八代・牟田和恵訳，2011，『ケアの倫理からはじめる正義論─支えあう平等─』白澤社

①は本シリーズの福祉社会学の入門書となっており，障害について理解する上で有用である。とくに「9章 病い・障害当事者の困難と支援」（桑畑洋一郎）においては，障害概念や障害当事者についての説明がなされており，本章とあわせて読むことで，障害児の家族についての理解を促す。②は自身も障害者であり，またイギリスにおける障害学をリードした研究者であるM. オリバーによる著作である。「障害の社会モデル」を提唱したことでも知られており，障害概念について学ぶためにおすすめしたい。③は，本文に示した通り，日本における障害者の家族について体系的にまとめられており，その差別の実態が日本社会のコンテクストで考察されている点が興味深い。④は自身も重度の障害児をもつE. キテイの講演録，インタビュー，エッセイが盛り込まれており，ケアにともなう問題についてのキテイの持論をわかりやすく読解することができる1冊である。

第4章

ひとり親世帯をめぐる状況と困難

吉武　理大

1 日本におけるひとり親世帯をめぐる状況

近年，日本においてもひとり親世帯が一定の割合を占めており，そのようなひとり親世帯をめぐっては，貧困の問題や子どもの格差の問題が存在している。本章では，ひとり親世帯をめぐる状況や格差・貧困の問題，ひとり親やその子どもが直面している困難について考えていく。

まず，ひとり親世帯は近年どのくらいの割合を占めているのだろうか。「国民生活基礎調査」より，18歳未満の未婚の児童がいる世帯のうち，ひとり親と未婚の子のみの世帯の数（図4-1左軸）とその割合（図4-1右軸）をみると，1992年の3.8%（約57万1,000世帯）から増加し，2013年には7.5%（約91万2,000世帯）となり，その後やや減少してはいるが，2022年には6.3%（約62万9,000世帯）と推計されている（厚生労働省　2023：7；吉武　2024：15)。

しかし，この値は「ひとり親と未婚の子のみの世帯」であり，たとえば，ひとり親とその子どもが祖父母やその他の親族等と同居している場合は含まれていない。実際に，やや前の数値にはなるが，2015年の国勢調査のデータでは，他の世帯員と同居している場合を含む母子世帯と父子世帯の数がわかる。ひとり親と子どものみの世帯はそれぞれ，（独立）母子世帯は75万4,724世帯，（独立）父子世帯は8万4,003世帯であるが，他の世帯員がいる世帯も含めると，母子世帯は106万2,702世帯，父子世帯は18万1,506世帯となる[1)]（総務省統計局　2017)。このように，日本のひとり親世帯はとくに母子世帯が多く，その他の親族等と生活しているひとり親と子どもも含めれば，実際にはひとり

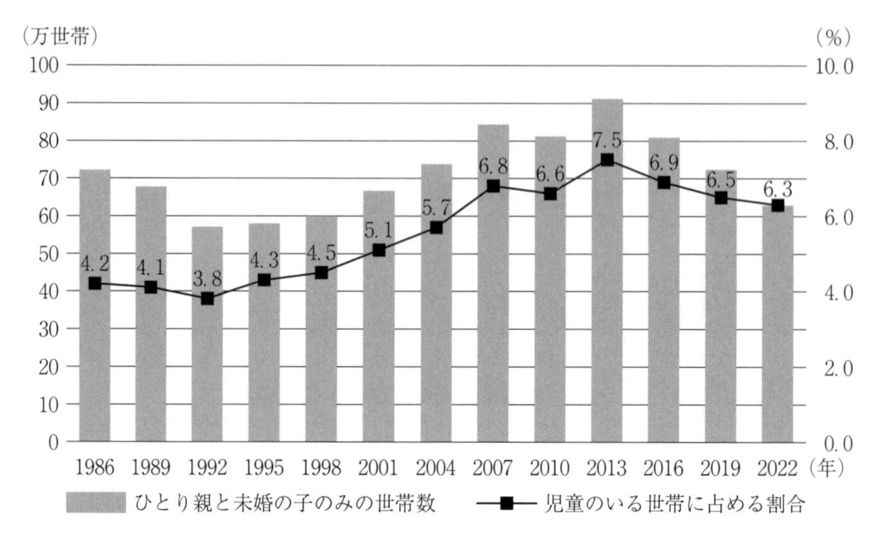

図4-1　ひとり親と未婚の子のみの世帯数と児童のいる世帯に占める割合

出典）吉武（2024）をもとに厚生労働省「国民生活基礎調査（昭和61年～令和4年）」より作成

親の家族はさらに多い（吉武　2024：17）。

これらの数値から，他の世帯員がいる世帯を含む母子世帯・父子世帯は計124万4,208世帯となるため，20歳未満の子どものいる一般世帯1,239万9,775世帯に占める割合を算出すると，約10.0%となる（総務省統計局　2017）。なお，子どものいる世帯に占めるひとり親世帯の割合は，子どもの年齢の区分を限定することによっても，その割合がより高くなると指摘されることもある[2)]。これらの数値からも，近年，日本においてもひとり親のもとで生活をする子どもたちが一定数存在することがわかる。

ひとり親と子のみの世帯だけでなく，他の世帯員を含むひとり親世帯についてもみてきたが，ひとり親世帯の祖父母との同居をめぐっては，地域差も存在することが明らかになっている。具体的には，東北地方において多世代で生活しているひとり親世帯が多い一方で，四国・九州地方では多世代での同居はさほど多くないことが指摘されている（稲葉　2020：173-189；余田・斉藤　2020：7-12）。また，このような傾向は，ひとり親世帯だけにおける傾向ではなく，子どもがいる世帯全体で，三世代世帯の割合に地域差がみられることを反映し

表4-1　ひとり親世帯になった理由の割合の推移（%）

	母子世帯			父子世帯	
調査年次	死別	離婚	未婚の母	死別	離婚
1983	36.1	49.1	5.3	40.0	54.2
1988	29.7	62.3	3.6	35.9	55.4
1993	24.6	64.3	4.7	32.2	62.6
1998	18.7	68.4	7.3	31.8	57.1
2003	12.0	79.9	5.8	19.2	74.2
2006	9.7	79.7	6.7	22.1	74.4
2011	7.5	80.8	7.8	16.8	74.3
2016	8.0	79.5	8.7	19.0	75.6
2021	5.3	79.5	10.8	21.3	69.7

注）割合が高い項目のみ掲載しており，その他の項目は除いているため，合計が100%にはならない。
出典）厚生労働省「全国母子世帯等調査／全国ひとり親世帯等調査（昭和58年～令和3年）」より作成

ているという。親世代との同居傾向における地域差については，シリーズ１『入門・社会学』の３章「家族」の３節および７節も参照してみよう。

近年のひとり親世帯の増加についてみてきたが，次に，ひとり親世帯となった理由における変化についてみていく。まず，厚生労働省による「全国母子世帯等調査」および「全国ひとり親世帯等調査」によると，ひとり親世帯になった理由は表4-1のように推移している（厚生労働省　2022：2)。母子世帯，父子世帯ともに，死別によるひとり親世帯の割合が減少し，2021年度の調査をみると，母子世帯では**死別**が5.3%，父子世帯では21.3%となっており，とくに母子世帯では死別による割合が低くなっている。その一方で，母子世帯と父子世帯ともに**離婚**による割合が増加し，2021年度にはそれぞれ母子世帯で79.5%，父子世帯で69.7%と高い割合を占めている。また，母子世帯においては，未婚の母の割合も2021年度には10.8%と一定数存在するようになってきている。このように，近年，離婚によるひとり親世帯の割合が増えていることがわかる。

2 ひとり親世帯と貧困の問題

近年，日本においてもひとり親世帯が一定数存在するようになってきており，その中でも，離婚によるひとり親世帯の割合が増加していることをみてきた。子どもの貧困については，詳しくは「入門・福祉社会学」シリーズ4の「6章　子どもの貧困と支援」を参照してほしいが，そのようなひとり親世帯をめぐる状況の中で，ひとり親世帯の貧困の問題もまた重要な問題である。

2022年の「国民生活基礎調査」によると，17歳以下の子どもがいる現役世帯（世帯主が18歳以上65歳未満の世帯）のうち，「大人が二人以上の世帯」の**貧困率**は8.6％であるのに対し，「大人が一人の世帯」の貧困率は44.5％と高く（厚生労働省　2023：14），日本においては，ひとり親世帯の貧困の問題が顕著である。2021年の「国民生活基礎調査」と「全国ひとり親世帯等調査」から，世帯の年間の平均収入を比較すると，児童のいる世帯全体では年間の平均収入が813.5万円であるのに対し，母子世帯では373万円，父子世帯では606万円であり[3)]（厚生労働省　2022：40），とくに母子世帯の世帯収入が低いことがわかる（吉武　2024：19）。

その背景にある母子世帯の母親の就業状況についてみてみると，令和3年度の「全国ひとり親世帯等調査」では，母子世帯の母親の86.3％が就業している（厚生労働省　2022：13）。それでは，日本における母子世帯の母親の就業率は，国際的にみると高いのだろうか，低いのだろうか。国際比較のためにOECD Family Databaseより（OECD　2020），主要なOECD諸国の2019年の母子世帯の母親の就業率と比較すると（図4-2），日本の母子世帯の母親の就業率86.3％（2021年）は国際的にみても，かなり高いことがわかる。そのような状況の中で，日本における母子世帯の母親は就業率が高いにもかかわらず，なぜ母子世帯の世帯収入は低いのだろうか。前述の令和3年度の「全国ひとり親世帯等調査」より，就業している母子世帯の母親に占める非正規雇用の割合を算出すると，42.4％がパート・アルバイト・派遣社員等の非正規雇用である（厚生労働省　2022：13）。つまり，ここまでみてきたように，日本においては

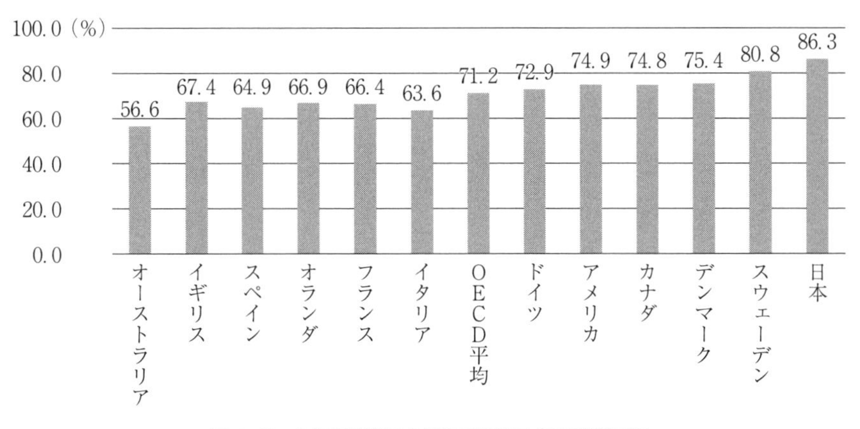

図4-2　母子世帯の母親の就業率の国際比較

注）日本の値は2021年，その他の国の値は2019年のデータに基づく。
出典）OECD Family Database（2019年），「全国ひとり親世帯等調査（2021年）」より作成

母子世帯の母親の多くが働いているにもかかわらず，非正規雇用の割合が高く，貧困の問題に直面しやすい状況にある。

さらに，「国民生活基礎調査」の報告書では，母子世帯，父子世帯別の貧困率はわからないが，「国民生活基礎調査」の個票データを分析した研究では，ひとり親世帯の中でもとくに離別母子世帯において貧困率が高いことが明らかになっている（田宮　2017：25)。ひとり親世帯への経済的支援としては，児童扶養手当があり，そのほかには，死別母子世帯では遺族年金が受給できる可能性がある。しかし，確認してきたように，母子世帯全体では，近年は離別母子世帯の割合が高く，母子世帯のうち，死別により遺族年金を受け取ることができる可能性がある死別母子世帯の割合は少なくなっている。

一方で，離別母子世帯では，遺族年金の受給はないが，元配偶者による養育費の受け取りの可能性がある。しかし，令和3年度の「全国ひとり親世帯等調査」によると，母子世帯において離婚した父親から**養育費**を受け取っている割合は，「現在も受けている」という回答が28.1%，「養育費を受けたことがある」という回答が14.2%，「養育費を受けたことがない」という回答が56.9%と（厚生労働省　2022：60)，養育費を継続的に受けている母子世帯は少ない。

また，同調査によると，離別母子世帯において「養育費の取り決めをしていない」という回答は51.2%であり（厚生労働省　2022：53），そもそも養育費の取り決めをしていない世帯も多い。

取り決めをしていない理由（複数回答）をみてみると（表4-2），「相手と関わりたくない」という回答がもっとも多く（50.8%），そのほかにも，「相手に支払う意思がないと思った」（40.5%），「相手に支払う能力がないと思った」（33.8%），「取り決めの交渉がわずらわしい」（19.4%），「相手から身体的・精神的暴力を受けた」（15.7%），「取り決めの交渉をしたが，まとまらなかった」（14.6%）などの回答が多い（厚生労働省　2022：58）。取り決めをしていない背景には，元配偶者との関係性の難しさ，身体的・精神的暴力の問題，支払う意思・能力の問題，交渉における困難などがみられる。

次に，質的調査におけるいくつかのケースから，養育費に関する問題をみてみよう。離別母子世帯における調査では，まず，離婚時に夫が養育費の支払いを拒否したケースや，夫に支払う能力や意思がないと思われるケースがある（下夷　2008：85-89）。また，夫婦関係の問題に関連して，夫の長年の暴力の問

表4-2　母子世帯の母親の養育費の取り決めをしていない理由（%）

養育費の取り決めをしていない理由（複数回答）	%
相手と関わりたくない	50.8
相手に支払う意思がないと思った	40.5
相手に支払う能力がないと思った	33.8
取り決めの交渉がわずらわしい	19.4
相手から身体的・精神的暴力を受けた	15.7
取り決めの交渉をしたが，まとまらなかった	14.6
自分の収入等で経済的に問題がない	7.3
現在交渉中又は今後交渉予定である	1.9
子どもを引きとった方が，養育費を負担するものと思っていた	1.8
相手に養育費を請求できることを知らなかった	0.8
その他	9.5
不詳	2.8

出典）厚生労働省「全国ひとり親世帯等調査（令和3年）」より作成

題や依存的な夫を妻が支え続けることへの我慢の限界があり，早く離婚を成立させるために，夫に養育費を請求しなかったという場合もある（下夷　2008：89-91）。その他にも，子どもの親権や面会に関連して，夫から子どもの「親権は渡さない」と言われ，子どもを引き取りたい妻が養育費を放棄したケース（下夷　2008：87-88），父親として不適格な夫から，少額の養育費と引き換えに子どもに会わせるよう求められ，養育費の申し出を拒否したケースもみられる（下夷　2008：83-85）。

さらに，初めは養育費が支払われたとしても，支払いが途中で止まるという問題もあり，調査では，夫の再婚後に養育費の支払いが止まったというケースもみられる（下夷　2008：79-81）。また，養育費の支払いについては，子どもが18歳になるまでという調停離婚での取り決め通りに順調であったケースにおいても，子どもの大学への進学など，子どもの状況が変化した時には，それを考慮して養育費の調整が必要となってくる場合もある（下夷　2008：77-79）。

Practice Problems　練習問題 ▶1

表4-2の養育費の取り決めをしていない理由や，質的調査における養育費の支払いに関する事例などから考えると，養育費を受け取ることができるようにするにはどのようなことが重要だろうか。考えてみよう。

なお，子どもとの**面会交流**についても，令和3年度の「全国ひとり親世帯等調査」によると，母子世帯において「現在も面会交流を行っている」という回答は30.2%，「面会交流を行ったことがある」という回答が20.9%，「面会交流を行ったことがない」という回答が45.3%となっている（厚生労働省　2022：73）。父親と子供との面会交流を行ったことがない母子世帯も多く，行ったことがある場合にも，継続して行われているとは限らないことがわかる。また，面会交流の取り決めについては，母子世帯の母親の66.6%が「面会交流の取り決めをしていない」と回答している（厚生労働省　2022：68）。「取り決めをしていない」もっとも大きな理由としては，「相手と関わり合いたくない」（26.4%），「取り決めをしなくても交流できる」（16.4%），「相手が面会交流を希望しない」(12.0%) などの回答が多い (厚生労働省　2022：72)。

また，母子世帯において,「現在面会交流を実施していない」もっとも大きな理由としては,「相手が面会交流を求めてこない」(28.5%),「子どもが会いたがらない」(16.1%),「相手が養育費を支払わない」(8.6%) などの回答が多いが，その他 (16.0%)，不詳 (15.9%) の割合も高く，選択肢に挙げられていない理由によるものや，理由が複雑なもの，理由が必ずしも明確には答えられないものもあるのではないかと考えられる。

以上のように，ひとり親世帯をめぐる状況をみてみると,「大人が一人の世帯」の貧困率は高く，とくに母子世帯は貧困の問題に直面しやすい。その背景には，非正規雇用の割合が高いことや，社会保障制度による貧困削減効果が低いことなどの問題が存在する。さらに，養育費についてみてきたように，養育費を実際に受け取っている割合が低いことや，養育費の取り決めをしていないという割合も高いことなどの問題もある。養育費をめぐっては，子どもを取り巻く環境は変化しており，教育費の支出額は急激に上昇しているにもかかわらず，養育費の伸びは低く留まっており，十分なものであるとはいえないことも指摘されている (下夷　2008：69-70)。また，子どもとの面会交流については，離婚後に離れて暮らす父親と子どもとの面会交流が継続的に行われていない場合も多いことが明らかになっている。

3 ひとり親世帯における子どもの格差

近年のひとり親世帯をめぐる状況や貧困の問題についてみてきたが，ひとり親世帯における子どもたちはどのような格差や困難を抱えているのだろうか。まず，ひとり親世帯においては，子どもの学力や成績，親が子どもにどの段階までの学歴を期待するかという親の教育期待に加え，子ども自身の教育期待においても，不利がみられることが明らかになっている (稲葉　2012：191-193, 195；白川　2010：255, 258；余田　2014：136-137 など)。

ここで，**学校外の教育機会**にも着目すると，やや前の調査にはなるが，文部科学省が委託して実施した2007年の全国調査である「子どもの学校外での学習活動に関する実態調査」においては，公立の中学3年生の学習塾の利用は65.2%，家庭教師の利用は6.8%となっている（文部科学省　2008：10）。また，中学3年生において他の学年よりも費用が高い傾向にあり，学習塾（複数ある場合は主なもの）の月額の費用でもっとも多いのは「25,001円～30,000円」，家庭教師の月額の費用でもっとも多いのは「30,001円以上」であるという（文部科学省　2008：22-23）。このように，高校に入学する前年度である中学3年生の時点では，学校外の教育を利用している生徒も多いが，その費用も他の学年より高い。

学校外の教育機会における格差については，ひとり親世帯と二人親世帯の比較をできる政府統計による報告書等がないため，やや前の調査ではあるものの，全国調査のデータを用いて，学習塾・家庭教師の利用率について分析した結果を示す。表4-3は，2011年の10月末～11月上旬に中学3年生とその保護者に実施された，内閣府による全国調査「親と子の生活意識に関する調査」のデータを用いて分析を行った結果である。これをみると，二人親世帯では学習塾・家庭教師の利用率は68.2%ともっとも高い。それに対し，母子世帯の学習塾・家庭教師の利用率は57.4%であり，父子世帯では50.9%と，二人親世帯よりも低い。このように，ひとり親世帯においては，学力や成績，教育期待だけでなく，学校外の教育機会も少ないことがわかる。

この中学3年生の10～11月時点での調査では，アンケート調査の一項目と

表4-3　家族構造別の中学3年生の学習塾・家庭教師の利用割合

	利用なし	利用あり	計
二人親世帯	31.8%（858）	68.2%（1,842）	100%（2,700）
母子世帯	42.6%（155）	57.4%（209）	100%（364）
父子世帯	49.1%（27）	50.9%（28）	100%（55）
全体	33.3%（1,040）	66.7%（2,079）	100%（3,119）

$\chi^2(df=2, N=3,119)=23.09$, $p<.001$

出典）内閣府「親と子の生活意識に関する調査（平成23年）」のデータを用いた分析結果をもとに筆者作成

して学習塾や家庭教師の利用有無を尋ねているにすぎないため，利用していない状況の詳細についての情報は含まれていない。そのため，以下では，広くその他の先行研究，インタビュー調査やアンケート調査などにおけるいくつかのケースから，ひとり親世帯における学習塾の利用について考える。

母子世帯の子どもの中には，費用がかかる運動部には入らず，塾には一切通わなかったというケースや，塾の夏期講習の費用を工面するために母親が夜遅くまで仕事を掛け持ちしてなんとか費用を捻出しなければならなかったというケースもある（赤石　2014：84-86）。さらに，3人の子どもがいる母子世帯のケースでは，友達のほとんどが塾に通っており，中学生の子どもが「塾に行きたい」と母親に切り出したところ，経済的にどうしても通わせることが難しく，母親からは「無理」と言われ，子ども自身も家計の苦しさがわかっているため，自分自身を納得させたというケースもある（下野新聞子どもの希望取材班　2015：53-54）。このように，学習塾に通うことが難しいという場合や断念しなければならない場合もあり，母子世帯の経済的な厳しさと学校外の教育機会における格差がうかがえる。

また，シングルマザーへのアンケート調査では，「勉強したくても塾に行けない（学校でも授業だけではついていけないし，他の経済的にゆとりのある子たちは，塾で先を行っている）のはおかしい」との声もあったという（赤石　2014：86-87）。さらに，新型コロナウイルス感染症（Covid-19）拡大の中で実施されたアンケート調査の自由記述においては，高校受験を控えた中学生の子どもの学習面について，「家庭学習でわからないところを誰にも聞けない」との不安を感じている母親もみられた（中囿　2021：97-98）。これらのケースにみられるように，学校外の教育機会についても経済的な状況による格差が生じており，新型コロナウイルス感染症拡大による休校という状況下では，そのような不利がなお一層深刻化した可能性がある。

ひとり親世帯においては，学力や成績，教育期待，学校外の教育機会だけでなく，その後の子どもの進学や学歴の獲得についても，高校への進学と卒業，そして高等教育への進学と卒業における格差が存在し，とくに高等教育に関しては近年も格差が大きいことが示されている（稲葉　2011：244-246；余田 2012：66-67など）。また，実際の**進学率**をみると，「学校基本調査」の2021年データによる全世帯における高校等への進学率は，通信制も含むと98.9%である（総務省統計局　2022）。それに対し，2021年の「全国ひとり親世帯等調査」による中学卒業後の高校等への進学率は，母子世帯では94.5%，父子世帯では96.2%と（厚生労働省　2022：82），ひとり親世帯では高校等への進学率が低い。さらに，短大・大学への進学率をみると，「学校基本調査」の2021年データによる全世帯の値は58.9%であるのに対し（総務省統計局　2022），2021年の「全国ひとり親世帯等調査」から短大・大学への進学率を算出すると（厚生労働省　2022：82-83），母子世帯では45.5%，父子世帯では37.1%となっている。以上のように，ひとり親世帯では進学の格差が存在し，とくに短大・大学という高等教育への進学において格差が大きい傾向にある。

4 子どもが経験する家族における困難

ひとり親世帯の子どもの格差や困難については，教育における格差だけでなく，きょうだいや親などの家族のケアを担う子どもたちも存在するというヤングケアラーの問題も存在し得る。「家族にケアを要する人がいる場合に，大人が担うようなケア責任を引き受け，家事や家族の世話，介護，感情面のサポートなどを行っている，18歳未満の子ども」（澁谷　2018：24）を**ヤングケアラー**という。日本では，家族の介護などをする子どもたちが想定されていることも多いが，介護だけに限らず，広く家族のケアを担っている子どもに着目した定義である。そのため，ヤングケアラーには，親や祖父母の介護をする子どもだけに限らず，精神疾患の親のケアをする子どもや，きょうだいの世話をする子どもなども含まれる。

日本におけるヤングケアラーに関する全国調査としては，令和2年度にはじめての全国調査が行われ，中学生・高校生に対する実態調査が実施されている（三菱UFJリサーチ＆コンサルティング　2021）。さらに，令和3年度には，小学生および大学生へのヤングケアラーの実態調査も行われている（日本総合研究所　2022）。これらの調査によると，「本来大人が担うと想定されている家事や家族の世話」について，家族の中に自分が世話をしている人が「いる」と回答した割合は，中学２年生では5.7%，全日制高校２年生では4.1%，定時制高校２年生相当では8.5%，通信制高校生では11.0%となっている（三菱UFJリサーチ＆コンサルティング　2021：92）。これに対し，小学生では，大人が行うような家事や家族の世話をしていると回答した割合は6.5%，大学生では，自分が世話をしている人が家族の中に「現在いる」という回答が6.2%，「現在はいないが，過去にいた」という回答が4.0%となっている（日本総合研究所　2022：65, 137）。これらの数値からも，それぞれ小学校，中学校，高校，大学において，家族のケアを担う子どもたちや若者たちが一定数存在していることがわかる。

以下の資料4-1は「ヤングケアラーの実態に関する調査研究報告書」（日本総合研究所　2022）より，ひとり親世帯におけるヤングケアラーの複数の事例をまとめたものである。もちろん二人親世帯や三世代の世帯にもヤングケアラーは存在し得るが，ひとり親世帯の子どもの中にも，ヤングケアラーは存在する。

たとえば，資料4-1の事例１においては，仕事をかけもちして働いている母親のいるひとり親世帯の子どもがきょうだいの世話をしている。事例２や事例３は，ひとり親世帯の母親に精神疾患があり，子どもが母親の精神的なケアを担っていたり，きょうだいの世話をしていたりする事例である。事例４では，ひとり親世帯で働きに出ている母親に代わって，長女が「自分の役割」と考え，きょうだいの世話を担っているケースである。この事例では，複数のきょうだいがおり，きょうだいの世話をすることが，長女の学校への出席状況にも影響を与えていることがわかる。事例５は父子世帯の事例であり，父親が仕事で忙しいことや，父親が「家事は子どもがするもの」という認識をもっていることにより，子どもが家事をしなければならない状況に陥っている。これらの事例にあるように，働くひとり親の代わりに子どもたちが家事やきょうだいの

資料4-1　ひとり親世帯におけるヤングケアラーの複数の事例

- （事例1）　母親は病気を抱えているが，母子家庭のため，平日も休日も仕事をかけもちして働いており，家にいない。そのため6年生の子がごはんを作り，3年生の子に食べさせている。
- （事例2）　小学校6年生女子。母子家庭で2人世帯。母親に精神疾患があり，母親の精神面のサポートや見守りを行っている。遅刻が多く，身だしなみが整っていないことが目立っていた。（…中略…）遅刻・欠席が目立ったため，家庭まで迎えに行き，支度を待って引率登校をすることもあった。家庭までの迎えの際にも母親にはなかなか会えなかったが，3～4回目の訪問の際にようやく母親に会うことができ，母親からも状況を聞くことができた。その後，母親の同意を得て，学校から子ども家庭支援センターに連絡を行った。なお，福祉サービスの受け入れに特に抵抗はなく，福祉サービスの存在を知らなかったように思われる。
- （事例3）　小学校2年生女子。特別支援学級に在籍している。母子家庭で，下に3歳と5歳のきょうだいがいる。母親に精神疾患がある。きょうだいの育児，世話のほか、母親の精神的なケアをすることもある。（…中略…）本人の登校の意思は強くなっているが，母親の健康状態を理由に登校させない状況が続いている。新型コロナウイルス感染症の存在が登校しない，させない理由になっているきらいもあり，介入の仕方が非常に難しい。
- （事例4）　小学校5年生女子。母子家庭で，複数きょうだいがいる中の長女。母親が仕事に出ており，幼いきょうだいのお世話を行っている。きょうだいの面倒を見るのは自分の役割という認識が強く，日常生活の一部として考えている。下のきょうだいが支援学校に通っており，一番下のきょうだいが生まれてからは，特に欠席が増えるようになった。
- （事例5）　小学校6年生男子。父子家庭で，中学生の兄がいる。遅刻が多い。精神的な不安定さがある。学力低下や持ち物忘れが多い。父親は朝早くから夜遅くまで仕事に出ており，（男児が）炊事・洗濯などの家事を行っている。父親は過去にがん治療をしていた。いまは健康であるが，定期的な検査を受けることが必要な状況。（…中略…）父親は，父子家庭なので，また，自身が闘病中なので，家事は子どもがするものという認識でいる。

出典）日本総合研究所（2022：38，45，49，51，52）より抜粋，一部補足

世話を担っていたり，親の病気や精神的なケアを担っていたり，というように，ひとり親世帯においても，家族のケアを担う子どもたちが存在する。

Practice Problems　練習問題 ▶ 2

資料4-1のひとり親世帯におけるヤングケアラーの事例からは，どのような困難や支援が考えられるだろうか。

5 ひとり親の困難

ひとり親世帯の子どもが直面し得る格差や困難についてみてきたが，ひとり親世帯の親はどのような困難を抱えているのだろうか。2節では，ひとり親世帯の経済状況について主に扱ったが，ひとり親が経験する困難については，そのような貧困の問題だけでなく，ひとり親の相談相手などのサポートの不足や孤独感など，経済的側面に限らない困難も存在する。

2021年度「全国ひとり親世帯等調査」によると，子どもについての悩みでもっともあてはまるものとしては（表4-4），「教育・進学」の悩みがもっとも多く，母子世帯では60.3％，父子世帯では57.5％，次に「しつけ」という回答が多く，母子世帯では8.8％，父子世帯では8.9％となっている（厚生労働省 2022：94）。さらに，ひとり親本人がもっとも困っていることとしては（表4-5），「家計」が母子世帯で49.0％，父子世帯で38.2％ともっとも多く，次に，母子世帯では仕事，父子世帯では家事という順序になっており，自分の健康と続く（厚生労働省　2022：95）。ひとり親の親自身が困っている内容につい

表4-4　母子世帯の母親／父子世帯の父親が抱える子どもについての悩み

（最もあてはまるもの）（％）

子どもについての悩み （最もあてはまるもの）（％）	母子世帯	父子世帯
教育・進学	60.3	57.5
しつけ	8.8	8.9
就職	5.8	7.8
健康	5.2	5.2
食事・栄養	3.1	6.9
障害	6.5	5.2
非行・交友関係	1.9	1.5
衣類・身のまわり	1.0	1.9
結婚	0.5	1.2
その他	7.0	3.8

出典）厚生労働省「全国ひとり親世帯等調査（令和3年）」より作成

ては，母子世帯と父子世帯における差異も存在することがわかる。

そのような中で，ひとり親世帯の中には，「相談相手がいない」という層も存在する。表4-6によると，母子世帯の21.9%，父子世帯の45.2%が「相談相手なし」と回答している。これをみると，ひとり親世帯の中でも，とくに父子世帯において相談相手がいない層が多いことがわかる。また，母子世帯の「相談相手なし」と回答している母親のうちの58.1%が「相談相手が欲しい」と回答しており，父子世帯の「相談相手なし」と回答している父親のうちの48.0%が「相談相手が欲しい」と回答している。「相談相手は必要ない」という回答もあるものの，「相談相手がいない」というひとり親の約5～6割が相談相手を必要としているにもかかわらず，相談相手がいないというひとり親が

表4-5　母子世帯／父子世帯のひとり親本人が困っていること

（最も困っていること）（%）

ひとり親本人が困っていること （最も困っていること）（%）	母子世帯	父子世帯
家計	49.0	38.2
仕事	14.2	11.4
家事	3.0	14.1
住居	9.4	4.7
自分の健康	10.7	11.8
親族の健康・介護	6.7	10.9
その他	6.8	8.9

出典）厚生労働省「全国ひとり親世帯等調査（令和3年）」より作成

表4-6　ひとり親世帯における相談相手の有無

総数	相談相手あり	相談相手なし		
			相談相手が欲しい	相談相手は必要ない
母子世帯 100.0% （1,154,963）	78.1% （901,452）	21.9% （253,511）	相談相手なしのうち 58.1% （147,380）	相談相手なしのうち 41.9% （106,131）
父子世帯 100.0% （140,985）	54.8% （77,324）	45.2% （63,661）	相談相手なしのうち 48.0% （30,583）	相談相手なしのうち 52.0% （33,078）

出典）厚生労働省「全国ひとり親世帯等調査（令和3年）」より作成

一定数存在している状況にある。

母子世帯に関する先行研究では，母子世帯は家族や親族の援助によって支えられているという側面もみられる（青木　2003：54-55；岩田　2001：66-70, 2006：62-64；江　2021：255-263）。しかし，その一方で，親や親戚は「頼りにならない」とする母子世帯も存在しており（青木　2003：66-67；岩田　2006：63-64；江　2021：255），必ずしも親や親戚の援助が得られる場合だけではないことも考えられる。母子世帯の調査からは，ひとりで抱え込んでしまっていたり，精神面での問題や不安を抱えていたりする母子世帯の母親がいることもうかがえる（江　2021：269-270；日本家政学会家族関係学部会研究活動委員会　2008：137-138）。このように，家族や親族による援助に支えられているひとり親世帯がいる一方で，相談相手がいないケースや，家族や親族からの援助を得ることが難しいケースも一定数存在しており，ひとり親世帯の中にも差異があることが明らかになっている。

6 母子世帯におけるサポートと孤独感の分析

前節では，相談相手がいないというひとり親が一定数存在することをみてきた。そのようなひとり親の孤立の問題は，主観的な側面からみると，孤独の問題とも関連しているのだろうか。本節では，3節の分析に使用している，内閣府による「親と子の生活意識に関する調査」（全国の中学3年生とその保護者対象）のデータを用いて，母子世帯の母親のサポートと孤独の問題との関連について検討した分析結果を紹介する（吉武　2022）。

まず，中学3年生の保護者において，「子どもについての悩み事や心配事があるとき」に誰を頼りにするかという項目から，「配偶者」，「親族」，「友人や職場の同僚」，「近所の人」のいずれの相手も頼りにすると回答していない割合を算出すると，二人親世帯の母親では2.3%とほとんどいないが，母子世帯の母親では14.6%と有意に高い傾向にあった（$\chi^2=117.26$, $p<.001$, $df=1$, $N=2{,}529$）。つまり，母子世帯において，子どもについての悩みや心配事に関し

て，家族や親族，友人や職場関係，近隣関係など，いずれの相手にも頼っていない層が一定数存在している。

それでは，そのようなサポートの有無の問題について，母親の主観的な側面からみると，孤独感とはどのような関連があるのだろうか。まず，母親の孤独感について，この一週間で「一人ぼっちで寂しいと感じたこと」の頻度の質問項目に着目し，「まったくなかった」か，「週に１～２日以上」あったかという指標を用いて検討する。二人親世帯の母親においては，「週に１～２日以上」「一人ぼっちで寂しいと感じた」割合は 12.4％であるのに対し，母子世帯の母親においては 30.4％と，母子世帯の母親は孤独感を抱えている割合が高い。

次に，前述の「子どもについての悩み事や心配事があるとき」に「配偶者」,「親族」,「友人や職場の同僚」,「近所の人」のいずれの相手にも頼っていないことと母親の孤独感との関連をみてみる（図 4-3)。二人親世帯と母子世帯の双方において，いずれの相手も頼っていない場合に，孤独感を抱えている割合が高い（二人親・相手なし 40.0％，母子・相手なし 49.0％)。さらに，母子世帯については，頼る相手がいる場合であっても 27.2％が孤独感を抱えていることがわかる。ひとり親世帯の孤立の問題ももちろん重要であり，十分なサポートが利用可能であることが求められるが，この結果からは，もうひとつの問題と

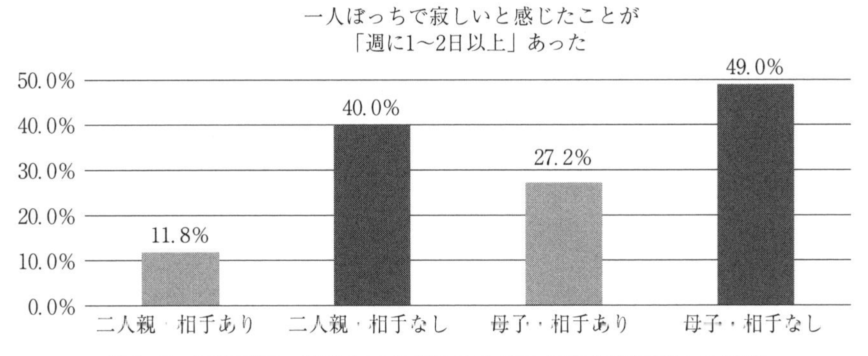

図4-3　家族構造・頼りにする相手の有無と母親の孤独感との関連

出典）内閣府「親と子の生活意識に関する調査（平成23年)」のデータを用いた分析結果をもとに筆者作成

して，母子世帯の母親の中には，頼る相手がいたとしても孤独を感じているという母親もいるということがうかがえる。ひとり親世帯の困難をめぐっては，子どもに対してだけではなく，その親や家族も含めた支援やサポートについて考えていく必要があるだろう。

注

1）国民生活基礎調査の値と国勢調査の値の差異については，子どもの年齢区分の違いとその他の世帯員を含むひとり親世帯の値であることに加え，国民生活基礎調査におけるひとり親世帯の数値は推計値であるが，国勢調査は全数調査であるという違いもある。

2）2010 年国勢調査では，子どもの年齢の区分を 10 ～ 15 歳の子どもがいる世帯に限定すると，ひとり親世帯（祖父母等との同居世帯も含む）の割合は，18%強になると推計されている（稲葉　2017：5-6）。

3）児童のいる世帯の平均収入は令和 3 年の「国民生活基礎調査」における値であり，母子世帯および父子世帯の平均収入は令和 3 年の「全国ひとり親世帯等調査」における値である。

参考文献

赤石千衣子，2014，『ひとり親家庭』岩波書店

青木紀，2003，「貧困の世代的再生産の現状―B 市における実態―」青木紀編『現代日本の「見えない」貧困―生活保護受給母子世帯の現実―』明石書店：31-83

稲葉昭英，2011，「ひとり親家族における子どもの教育達成」佐藤嘉倫・尾嶋史章編『現代の階層社会 1　格差と多様性』東京大学出版会：239-252

――，2012，「ひとり親世帯と子どもの進学期待・学習状況」内閣府子ども・若者育成支援推進本部編『親と子の生活意識に関する調査報告書』：191-198

――，2017，「家族の変化と家族問題の新たな動向」『都市社会研究』9：1-14

――，2020，「離婚・再婚」田間泰子編『リスク社会の家族変動』一般社団法人放送大学教育振興会：173-189

岩田美香，2001，「離別母子家族と親族の援助―母親の学歴からみた階層性―」『教育福祉研究』7：57-72

――，2006，「父子・母子家庭の階層性―ジェンダー視点からの考察―」『子ども家庭福祉学』5：59-69

江楠，2021，「母子世帯と社会的孤立―ソーシャルサポートの観点から―」『北海道大学大学院教育学研究院紀要』138：251-274

厚生労働省，2017，「平成 28 年度全国ひとり親世帯等調査結果報告」（2023 年 11 月 26 日取得，https://www.mhlw.go.jp/file/04-Houdouhappyou-11923000-Kodomokateikyoku-

Kateifukishika/0000190325.pdf）
――，2022，「令和3年度全国ひとり親世帯等調査結果報告」（2023年11月26日取得，https://www.cfa.go.jp/assets/contents/node/basic_page/field_ref_resources/f1dc19f2-79dc-49bf-a774-21607026a21d/9ff012a5/20230725_councils_shingikai_hinkon_hitorioya_6TseCaln_05.pdf）
――，2023，「2022（令和4）年国民生活基礎調査の概況」（2023年8月1日取得，https://www.mhlw.go.jp/toukei/saikin/hw/k-tyosa/k-tyosa22/dl/14.pdf）
三菱UFJリサーチ＆コンサルティング，2021，『令和2年度子ども・子育て支援推進調査研究事業　ヤングケアラーの実態に関する調査研究報告書』（2023年6月1日取得，https://www.murc.jp/wp-content/uploads/2021/04/koukai_210412_7.pdf）
文部科学省，2008，「子どもの学校外での学習活動に関する実態調査報告」（2019年6月8日取得，https://www.mext.go.jp/b_menu/houdou/20/08/_icsFiles/afieldfile/2009/03/23/1196664.pdf）
中囿桐代，2021，『シングルマザーの貧困はなぜ解消されないのか―「働いても貧困」の現実と支援の課題―』勁草書房
日本家政学会家族関係学部会研究活動委員会，2008，『ひとり親家庭等に関する都道府県および政令指定都市調査・支援策資料集』
日本総合研究所，2022，『令和3年度子ども・子育て支援推進調査研究事業　ヤングケアラーの実態に関する調査研究報告書』（2023年6月1日取得，https://www.jri.co.jp/MediaLibrary/file/column/opinion/detail/2021_13332.pdf）
OECD, 2020, “OECD Family Database”,（2023年8月17日取得，https://www.oecd.org/els/family/database.htm）
澁谷智子，2018，『ヤングケアラー――介護を担う子ども・若者の現実―』中公新書
下夷美幸，2008，『養育費政策にみる国家と家族―母子世帯の社会学―』勁草書房
下野新聞子どもの希望取材班，2015，『貧困の中の子ども―希望って何ですか―』ポプラ社
白川俊之，2010，「家族構成と子どもの読解力形成―ひとり親家族の影響に関する日米比較―」『理論と方法』25(2)：249-266
総務省統計局，2017，「国勢調査 平成27年国勢調査 就業状態等基本集計（労働力状態，就業者の産業・職業など），表02002，子供のいる世帯の家族類型（4区分），親の就業・非就業（4区分），主な年齢（3歳未満・6歳未満・12歳未満・15歳未満・18歳未満・20歳未満）別子供のいる一般世帯数（母子世帯及び父子世帯―特掲）」（2023年6月1日取得，https://www.e-stat.go.jp/dbview?sid=0003177940）
――，2022，「学校基本調査／年次統計 総括表4 進学率（昭和23年～）」（2023年9月7日取得，https://www.e-stat.go.jp/stat-search/file-download?statInfId=000031852304&fileKind=0）
田宮遊子，2017，「親の配偶関係別にみたひとり親世帯の子どもの貧困率―世帯構

成の変化と社会保障の効果―」『社会保障研究』2(1)：19-31
余田翔平，2012,「子ども期の家族構造と教育達成格差―二人親世帯／母子世帯／父子世帯の比較―」『家族社会学研究』24(1)：60-71
――，2014,「家族構造と中学生の教育期待」『社会学年報』43：131-142
余田翔平・斉藤知洋，2020,「ひとり親世帯の居住形態の趨勢と地域性―『国勢調査―』個票データを用いた分析―」『国立社会保障・人口問題研究所ワーキングペーパーシリーズ（J)』34：1-13
吉武理大，2022,「母子世帯の母親の孤独感と社会関係」山下亜紀子・室井研二編『社会の変容と暮らしの再生』学文社：103-120
――，2024,『家族における格差と貧困の再生産―親の離婚経験からみた計量分析―』生活書院（近刊）

自習のための文献案内

① 吉武由彩編著，2023,『入門・福祉社会学』(「入門・社会学」シリーズ 4）学文社
② 中囿桐代，2021,『シングルマザーの貧困はなぜ解消されないのか―「働いても貧困」の現実と支援の課題―』勁草書房
③ 下夷美幸，2008,『養育費政策にみる国家と家族―母子世帯の社会学―』勁草書房
④ 神原文子，2020,『子づれシングルの社会学―貧困・被差別・生きづらさ―』晃洋書房
⑤ 澁谷智子，2018,『ヤングケアラー――介護を担う子ども・若者の現実―』中公新書

①は，入門シリーズの福祉社会学のテキストであり，6章では子どもの貧困の問題について，関連する先行研究，事例や統計を通して学び，考えることができる。②は，さまざまなデータや面接調査におけるケースから，シングルマザーの貧困の問題について考えることができる。また，新型コロナウイルス感染拡大の時期に札幌市でシングルマザーを対象に実施されたアンケート調査の結果も含まれており，興味深い。③は，母子世帯や養育費をめぐるさまざまな状況について学ぶことができるとともに，実際の事例からも養育費の問題がみえてくる。④は，「子づれシングルと子どもの貧困」,「被差別部落の子づれシングル女性」,「子づれシングル女性の生きづらさ」というトピックについて，データや事例から考えることができる。⑤は，ヤングケアラーを扱った新書であり，ケアを担う子どもたちの困難や支援について考えることができる。

第5章

生殖補助医療と家族
——その影響と課題

藤田　智子

1 生殖技術と家族

生殖技術，生殖医療，あるいは生殖医療技術は，「子どもをつくる」ことに介入し，管理するための医療技術の総称である。その中には，避妊や人工妊娠中絶などの妊娠・出産を回避するための技術や，着床前診断・出生前診断を通して受精卵や胚，胎児の状態を検査する技術，そして子どもをつくるために行われる薬の投与や人工授精，体外受精等の技術が含まれる（柘植　2012：v–vi）。本章ではその中でも最後のもの，とくに生殖補助医療を取り上げる。

本章の目的は，生殖補助医療の発展と利用の拡大，生殖補助医療をめぐる議論について考察し，それらの医療技術が家族，そしてとくに女性に与えてきた影響を検討することである。ここでは主に日本やオーストラリア，インドなどを例として取り上げる。それにより，生殖補助医療が家族のあり方に変化をもたらしつつも，同時に家族やジェンダーに関する規範を再生産・強化してきたことを明らかにする。不妊治療や生殖補助医療は子どもを望む人びとに「夢」や「希望」を与えるとされる（Greenfeld　1997：186）。また将来の（生殖補助医療を通した）妊娠・出産に向けた卵子の凍結保存技術についても，女性にとっての「選択肢」として語られる（e.g. 朝日新聞　2023年3月2日朝刊）。その一方で生殖補助医療については，さまざまな法的・倫理的問題が指摘されてきた。本章では，人びとの「夢」や「希望」を叶える「選択肢」とされてきたそれらの医療技術が，とくに女性たちの生のあり方を構成してきたことにも目を向ける。

2 生殖補助医療の発展と利用の拡大

2. 1 生殖補助医療とは何か

生殖補助医療は，妊娠の成立のために生殖を補助する医療技術の総称であり，とくに「不妊」の「治療」のための技術である[1)]。何が生殖補助医療に含まれるのかということには見解の相違がみられるが，一般的には体外受精や顕微授精，凍結胚・融解移植等が含まれる。**体外受精**（IVF）とは，広い意味では，卵子と精子を体内から取り出し，身体の外で受精させる技術である。体外受精・胚移植（IVF-ET）とは，身体の外で卵子を精子と共存させて受精させ，数日間培養したあとに女性の子宮に移植することを指す。なお，受精した卵子を受精卵，それが分裂し始めて多細胞になった段階を胚という。顕微授精（ICSI）とは体外受精で卵子が受精しない場合などに，顕微鏡下で精子を吸引して卵子の細胞質内に直接注入する技術である。凍結胚・融解移植は，体外受精などで得られた胚を凍結しておき，使用する際にとかして子宮に移植することをいう。

このほかに，**人工授精**も生殖補助医療に含まれるとされる場合がある。人工授精とは，女性の子宮内に精液を直接注入して妊娠を促す技術である。これは精子の提供者が配偶者である配偶者間人工授精（AIH）と，**ドナー**の精子を利用する非配偶者間人工授精（AID）に分かれる。後者は第三者が関わる生殖補助医療である。

第三者が関わる生殖補助医療とは，ドナーや代理母のような「第三者」が関与する生殖医療をいう。**代理出産**（surrogacy）とは，依頼者のために依頼者以外の女性が妊娠・出産を担い，生まれた子どもは依頼者に育てられることを指す。その妊娠・出産を担う女性を**代理母**という。代理出産には，依頼男性またはドナーの精子を用いて代理母が妊娠・出産する人工授精型／伝統的代理出産（traditional surrogacy）と，代理母以外の卵子を使用する体外受精型／妊娠代理出産（gestational surrogacy）がある。前者は代理母と子どもの間に遺伝的つながりがあるが，後者は代理母と子どもの間に遺伝的つながりはない。

2．2　生殖補助医療技術の発展と不妊の医療化

次に生殖補助医療技術発展の歴史をみていく。人工授精は，秘密裡に行われていたことから，最初に行われたのがいつなのかを明確に述べるのは難しいが，医療現場にて人工授精を最初に行ったのは，1776年頃，あるいは1790年頃のイギリスで，不妊に悩む男性に温めた注射器で男性の精液を妻の膣に注入するよう助言した医師のジョン・ハンターであるとされることが多い（Clarke 2006：1649）。1838年にはフランスの医師ルイス・ジローが人工授精を成功させ，1860年代にそのことが発表された。それが医師が実際に行った人工授精の成功例として最初に公表された記録だとされる（Clarke　2006：1649）。その後フランスでは人工授精が比較的受け入れられるようになったが，その他の地域では容易には受け入れられなかったという（Clarke　2006：1649）。日本では，1949年に慶應義塾大学において提供精子による非配偶者間の人工授精がはじめて成功した。

生殖補助医療の普及に大きく貢献したのは，体外受精技術の開発である。もともとは動物を使用して行われていたものが，ヒトに対して適応されるようになったのは1960年代終盤以降である。1973年にはオーストラリア・メルボルンの医療チームが世界初とされる体外受精による妊娠を成功させ，その後1978年にはイギリスのロバート・エドワーズらのチームによって，世界初の体外受精児，ルイーズ・ブラウンが誕生している[2)]。その後，オーストラリアのチームによって，1983年には世界初となる凍結胚を使用した体外受精児が誕生し（凍結胚・融解移植の成功），1984年には世界初となる提供卵子による出産が報告されている。日本においては，1983年に東北大学ではじめて体外受精が成功し，第三者の卵子を使用した体外受精による妊娠については，1998年にその成功が報告されている（辻村　2012：12）。

さらに，1989年にはシンガポールで顕微授精によるはじめての妊娠が確認され，日本でも1992年にはじめて顕微授精による出産に成功している（辻村 2012：12-13）。また，代理出産については，1986年にアメリカで最初の体外受精型／妊娠代理出産が報告されており（辻村　2012：13），オーストラリアにお

いては1989年にはじめての代理出産児が誕生している。

不妊治療や生殖補助医療の発展は，「不妊」の医療化を示す。「**医療化**」とは，それまでは医療の範囲外にあった現象や状態が医学的問題とされ，医学の用語や枠組みでとらえられ，「『治療』のために医学的介入」が行われるようになることを指す（Conrad　1992：210-211）。そもそも妊娠しないことはその個人やカップルが子どもを望まない限り「問題」にはならない。また，「不妊」をどのように概念化するのかも国や機関によっても異なってきたし，時期によっても変化してきた。たとえば，日本産科婦人科学会は現在，「**不妊症**」について，「妊娠を望む健康な男女が避妊をしないで性交をしているにもかかわらず，一定期間妊娠しないもの」を指し，その期間とは1年が一般的だとしている（日本産科婦人科学会　2023a）。しかしこの期間は2015年までは2年とされていた。そして不妊は，生殖補助医療を含む不妊治療の技術が開発され，普及していく中で「不妊症」，つまり「病気」や「医療問題」として位置づけられるようになり，「治療」の対象，「治療すべき状態」になったのである（柘植　2012：2；藤田　2015：57）。その一方で不妊が医療化され，治療を通して解決され得る「問題」となったことで，「子どもがいないこと」は社会規範からの逸脱として改めて問題化された。

同時に，「不妊症」は，国家的な課題との関連でも問題化される。とくに出生率の低下や少子化が社会問題・政治問題化すると，「不妊症」やその原因の解明，対策や治療，そして治療への支援に対する国家や社会の関心を集めることにつながる（e.g. 藤田　2015）。フランスの哲学者**ミシェル・フーコー**によれば，近代においては権力が人びとの「生を経営・管理すること」を自らの役目とするようになった（Foucault　1976＝1986：176）。フーコーは，このような人間の生にはたらきかける権力を「**生−権力**」とよび，それは，個々の「身体」にはたらきかけて規律化し，「効果的で経済的な管理システム」へと組み込む「解剖−政治学」と，出生率や公衆衛生，寿命など「人口」の管理・調整を通して働く「生−政治学」によって構成されるとする（Foucault　1976＝1986：176-177）。そして，「生−権力」は「『身体』と『人口問題』の接点にある性」を

「中心的な標的」とする（Foucault　1976＝1986：185）。性や生殖は，国家の労働力の再生産や経済発展との関連で，少子化対策等の「人口」の管理・調整に関わると同時に，性行為のあり方や妊娠等の個人の身体の規律化にも関わるのである。生殖補助医療について述べれば，日本では1990年代終盤以降，「少子化対策」の一部として不妊治療を位置づけ，治療への公的支援，とくに健康保険の適用を提案・検討する動きが出てきた。2004年には「不妊に悩む方への特定治療支援事業」による不妊治療への助成制度が開始され，2022年4月には不妊治療への保険適用へと移行している。人びとはこのような制度を積極的に利用し，子どもを産み，育てようとすることで，生にはたらきかける権力を主体的に受け入れてもいるのである。

2．3　生殖補助医療の利用状況

次に，日本における不妊治療・生殖補助医療の経験や利用状況について確認する。国立社会保障・人口問題研究所の2021年の調査によると，過去・現在において子どもができないことを心配した経験がある夫婦は全体の39.2％で，2005年の調査以降増加している（図5-1）（国立社会保障・人口問題研究所　2023：82）。また不妊を心配した夫婦の内，実際に不妊治療や検査をした夫婦も2002年以降増え続けており，2021年の調査では22.7％と約4組に1組が経験している。

一方，日本産科婦人科学会のまとめによると，生殖補助医療の治療周期数[3)]は増加傾向にあり，2021年には約50万周期であった（図5-2）（日本産科婦人科学会　2023b）。日本初の体外受精が行われた1980年代以降，確実に生殖補助医療の利用は拡大している。2021年におけるアメリカの治療周期数は約41.4万（CDC　2023），オーストラリアの治療周期数は約10.2万とされ（Newman et al. 2023：vii），それらの国々にくらべても日本の治療周期数は非常に多い。

生殖補助医療の利用拡大にともない，治療を通して生まれる子どもの数も大きく増加しており，2021年には約7万人が生まれている（図5-3）（日本産科婦人科学会　2023b）。これは全出生児の内の8.6％に当たり，約12人に1人が生殖補助医療によって生まれたことになる。なお同年，アメリカでは約9.7万

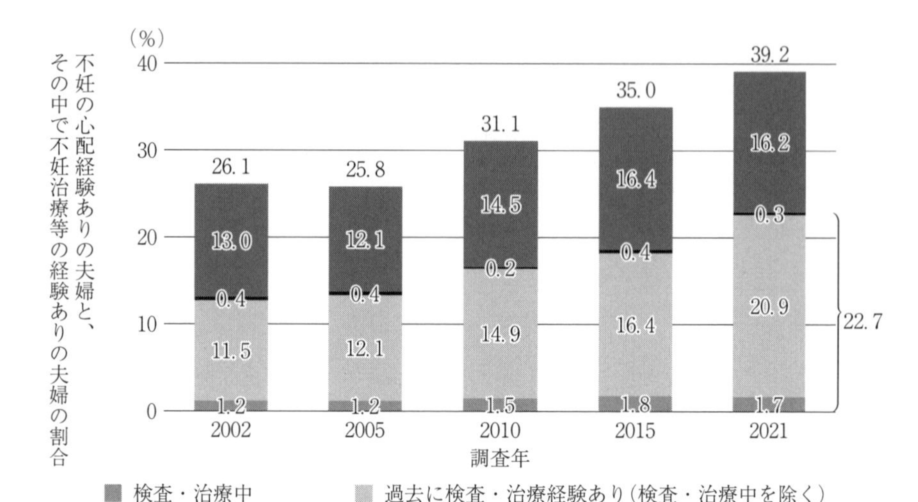

図5-1　不妊について悩んだことのある夫婦とその検査・治療経験

出典）国立社会保障・人口問題研究所『現代日本の結婚と出産―第16回出生動向基本調査（独身者調査ならびに夫婦調査）報告書―（第12回〔2002年〕～第16回〔2021年〕）』より作成

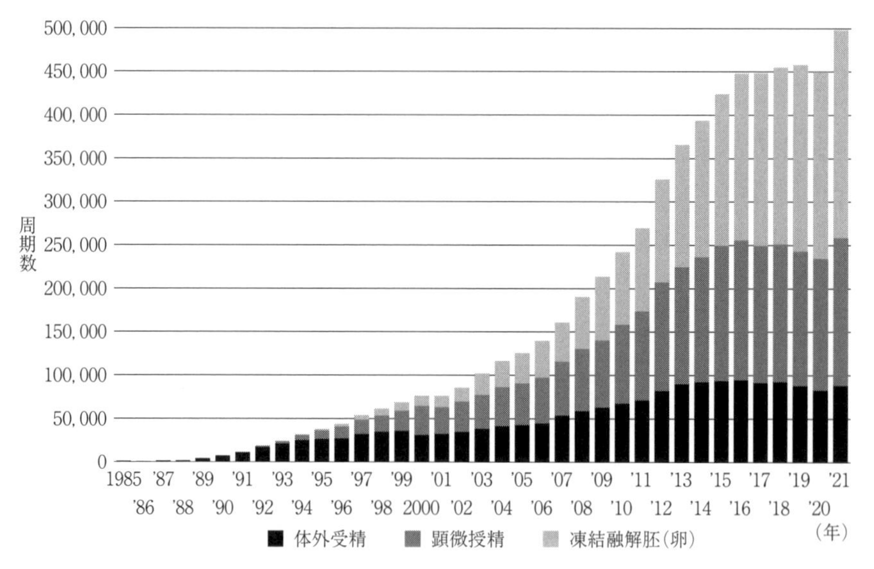

図5-2　生殖補助医療の治療周期数

出典）日本産科婦人科学会「2021年 ART データブック（2021年体外受精・胚移植等の臨床実施成績，1985年～2021年）」より作成

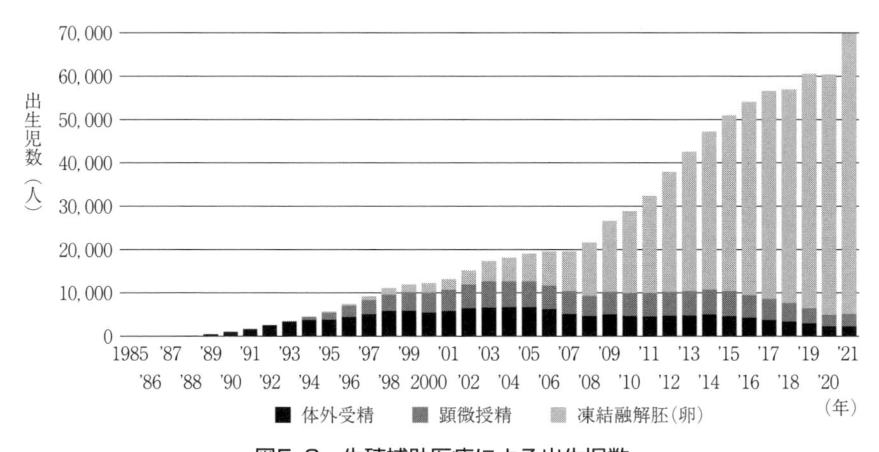

図5-3　生殖補助医療による出生児数

出典）日本産科婦人科学会「2021年 ART データブック（2021年体外受精・胚移植等の臨床実施成績，1985年～2021年）」より作成

人，全出生児の2.3％（CDC　2023）が，オーストラリアでは約1.86万人（Newman et al.　2023：viii），全出生児の6％が生殖補助医療によって生まれている。

女性の年齢別の妊娠率をみると（図5-4），胚移植，および治療当たりの割合は30代前半ごろまではそれほど大きな変動はないが，その後下がり始める（日本産科婦人科学会　2023b）。また，治療当たりの生産率（出産に至った割合）も同じころから低下し始め，逆に流産の割合は上昇する。このようなデータが根拠となり，「できる限り早い『妊活（妊娠活動）』」が推奨され，「35歳以上の高齢妊娠・出産」が「問題」とされているのである。しかしながら，そもそも生殖補助医療で生まれてくる子どもの割合は高くても20％強に過ぎず，40歳を超えれば10％を切る。生殖補助医療は「不妊症」の「特効薬」ではないし，後述するように必ずしも女性たちの「選択肢」を広げるものでもない。

こうした不妊治療の利用拡大の背景としては，「晩婚化」や「晩産化」が挙げられることが多い（e.g. 厚生労働省　2018）。日本においては婚外子割合がいちじるしく低く，結婚と出産が強く結びついている。そのため，結婚年齢が上昇すれば，第一子およびそれ以降の出産年齢も上がる可能性が高く，「不妊症」の「問題」もそれによって高まっているとされる。またそれに関連して，日本

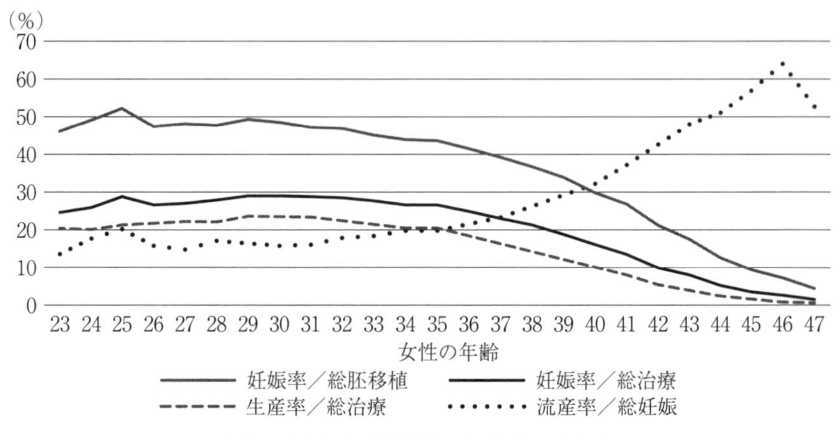

図5-4　女性の年齢別の妊娠率・生産率・流産率（2021年）

出典）日本産科婦人科学会「2021年 ART データブック（2021年体外受精・胚移植等の臨床実施成績）」より作成

においては「他の生殖補助医療先進国に比べて体外受精等の成功率が低」く，それは治療を受ける人の年齢の高さと卵子提供をほとんどしていないことが原因とされる（柘植　2022：19-20）。しかし，出産・治療時の年齢の高さの問題は個人化されるべきではない。重要なことは，それらの背景にある女性をめぐる日本社会の状況，妊娠・出産が女性のキャリア，そして生自体に与える影響を十分に理解することである。

Practice Problems　練習問題 ▶1

不妊の医療化にはどのような問題点があるか，具体的に考えてみよう。

3 生殖補助医療の規制と家族のあり方の問い直し

生殖補助医療の発展と普及はいかなる「問題」や議論をもたらすことになったのか。この節では，日本のみならずオーストラリアの事例も参照しながら，とくに法的な規制をめぐる主要な論点を取り上げて考察する。

まず問題となるのは，生殖補助医療自体に対するアクセスの問題である。生殖補助医療は，「不妊症」などでこれまで子どもをもつことが難しかったカップルのみならず，レズビアンやゲイのカップル，シングルの人びとにも子どもをもつことを可能にする技術を提供する。日本においても女性カップルで子どもを産み育てている事例等が紹介されている（牟田ほか　2021）。一方で，社会や国家としてどのような人に対してそれらの技術を利用可能とするのかについては，法律による規制や医師の職能団体のガイドラインに依拠した自主規制など，各国・各地域において異なる対応がなされてきた。たとえば世界に先駆けて1984年に生殖補助医療を規制する法律が成立したヴィクトリア州をはじめ，オーストラリアでは州レベルで法規制がなされてきた一方，日本においては，長い間生殖補助医療の利用自体を規制する法律が存在せず，日本産科婦人科学会の会告に依拠した医療専門職による自主規制に頼ってきた。そして，それらの規制にはその社会の家族規範が反映される。とくに異性愛家族が規範化される社会においては，「子どもの父をもつ権利」などが主張されて，同性カップルやシングルの人びとが「治療」を受けることが難しくなる可能性が高い。実際，オーストラリア・ヴィクトリア州でもレズビアンやシングルの女性のクリニックにおける生殖補助医療へのアクセスは制限されていたが，それに異議を申し立てる裁判やレズビアンの女性たちを中心とするロビー活動を経て，2008年生殖補助医療法（*Assisted Reproductive Treatment Act　2008*）の制定により全面的に認められるようになった。日本では，日本産科婦人科学会の会告により「婚姻」している「夫婦」にのみ生殖補助医療の利用が可能となっていたところ，2014年より体外受精などについては事実婚の「夫婦」についても認められるようになった（日本産科婦人科学会　2023c：791）。しかし，提供精子による生殖補助医療（人工授精）は未だに「法的に婚姻している夫婦」にしか認められておらず，事実婚やレズビアン，シングルの女性などのアクセスは制限されている（日本産科婦人科学会　2023d：786）。

また，生殖補助医療を通して生まれた子どもの親をいかに同定するのかも重要な問題である。法律上の親子関係を同定することは，子どもの保護者・親権者を決定するのみならず，その子どもの国籍等の決定，国民・市民として得られる権利や保障，親子間の相続権や扶養義務，氏の問題にも関わる（辻村 2012：159)。国連の児童の権利に関する条約（略称「子どもの権利条約」）においても，「児童は，出生の後直ちに登録され（中略)，出生の時から氏名を有する権利及び国籍を取得する権利を有するもの」とされている（7条1項)。提供精子による人工授精や体外受精の場合，出産する女性と子どもとの間には遺伝的親子関係があるが，その女性の配偶者やパートナーと子どもの間には遺伝的関係がない。また，提供された卵子や胚を使用した場合には，出産した女性と子どもの間にも遺伝的関係がない。オーストラリア・ヴィクトリア州では，1984年に改正された1974年児童法（*Status of Children Act 1974*）により，夫の同意のもと提供精子や卵子を使用して人工授精や体外受精を行った場合，妊娠した女性が生まれてくる子どもの母親，その夫が父親と推定されるようになった（10条Aから10条Fまで)。さらに，レズビアンやシングルの女性による生殖補助医療の利用を全面的に認めた2008年生殖補助医療法により，1974年児童法が改正され，女性パートナーがいる場合は，卵子提供があったとしても治療を受けた女性が「母親」，そのパートナーが「法的親」で，ドナーは親ではないと推定されるようになった（13条および14条)。シングルの女性の場合も，卵子提供があったとしても治療を受けた女性が「母親」で，ドナーは親ではないと推定されるようになった（15条および16条)。日本でも2020年に「生殖補助医療の提供等及びこれにより出生した子の親子関係に関する民法の特例に関する法律」（以下，「民法特例法」）が成立し，提供卵子を使用した場合は妊娠・出産した女性が母親であり（9条)，妻が夫の同意を得て提供精子によって妊娠した場合，夫はその子どもの親であることを否認できないとした（10条[4])。

このような分娩者を母とするルール（辻村 2012：158）は，人工授精や体外受精の場合には治療者の観点からすると「適切」に思われる一方で，代理出産においては依頼した個人やカップルからすると「問題」となり得る。代理母が「母親」，その夫あるいはパートナーが「父親」「親」と同定されることになるからである。この点，各国・各地域は異なる対応を行ってきた。たとえばオーストラリアにおいては，分娩者である代理母とそのパートナーが「親」となるため，依頼者が「親」となるためには裁判所からの「親決定命令」が必要となる。これは，他の生殖補助医療の場合同様，生まれた子どもに対して出生と同時に親を同定し，保護者を与える等，生まれた子どもの利益になると同時に，最後まで代理母による自己決定を可能にする側面もあるように考察される。なお，日本では，代理出産は日本産科婦人科学会の会告により認められていない（日本産科婦人科学会　2023e：821）。

第三者が関わる生殖補助医療の普及によってさらに問題となるのが，生まれてきた子どもの**出自を知る権利**の保障である。これは，子どもが自分の出生，とくにドナー等に関わる情報を知る権利であり，子どもの最善の利益や福祉の文脈でとくに重要性が強調され，国連の子どもの権利条約が「できる限りその父母を知りかつその父母によって養育される権利を有する」（7条1項）と記していることに基礎づけられるとされる（日比野　2019：5）。子どもにとって自分の出自を知ることは，遺伝的なつながりや病気に関する情報を得ることはもちろん，ドナーを「まるごとの人間」として知ろうとすることでもあるという（柘植　2012：141-144）。体外受精の技術が開発された当初は，多くの地域で強い家族規範からドナーの匿名性が確保されていたが，その後，提供精子等によって生まれた子どもたち本人からの訴えなどから議論が高まり，法律を改正して子どもの出自を知る権利を保障する地域も出てきている。その中でもオーストラリア・ヴィクトリア州の取り組みは画期的である。1984年に成立した生殖補助医療を規制する法律は1988年に施行されたが，その時点ですでに中央登録制度を設置し，ドナーの情報を登録することが義務づけられた。2016年にはドナーの匿名性を完全に廃止し，提供精子・卵子等を通してヴィクトリア州で生まれたすべての人びとに対して，ドナーの同意なしにドナーの身元を特定する情報にもアクセスする権利を遡及的に保障するため，2008年生殖補助医療法が改正された。出生年に関係なくドナーの匿名性を廃止したヴィクトリア州に比して，日本においては未だに子どもの出自を知る権利を保障する法律は存在しないが，2020年成立の民法特例法の附則においては，おおむね2年を目途に子どもの出自を知る権利等に関わる制度のあり方について検討を加え，必要な措置を講じるものとされている。

ここまでの議論からも明確なように，生殖補助医療の発展と普及は家族とは何かという問題を複雑化する。とくに生殖補助医療にドナーや代理母などの第三者が関わることにより，「生殖行為と妊娠と親であること」が分離されると同時に（Beck and Beck-Gernsheim　2011＝2014：18），「親」自体も産む者と遺伝的つながりをもつ者，そして育てる者に分解されることで，家族のあり方が問い直される（藤田　2019：126）。生殖補助医療の利用をめぐる線引きの問題は，その社会における家族のあり方を反映し，同時に家族規範の再生産，あるいはその問い直しにもつながる。法律上の親子関係についても，医療技術へのアクセスの拡大などによってそのあり方が変化する。また，子どもの出自を知る権利の保障については，単に生殖補助医療によって生まれた子どもにドナー等に関する情報へのアクセス権が与えられることを意味するのではない。ドナーに会うことを望む子どもは多く，子どもに会うことを望むドナーも出てくるからである。ドナーの匿名性廃止は，ドナーが精子・卵子（つまり配偶子）や，胚を提供すること自体の意味や経験，親族関係などにも影響を与え，それまで単なる配偶子を「生産する『モノ』」とみなされていたドナーを「人間化」（南　2010：90-94）すると同時に，ドナーの存在の重要性が増し，依頼者，あるいは生まれてくる子どもの親となる者（社会的親）のみならず，ドナーやその家族，代理出産の場合は代理母やその家族までもが，その子どもの人生に長期的に関わる可能性を高める。まさにこれまでの「父–母–子」という「座標」が変容することになるのである（Beck and Beck-Gernsheim　2011＝2014：224）。

4 生殖に関する自己決定

生殖補助医療をめぐっては，女性の身体や生殖をめぐる権利，とくに自己決定／自己決定権の問題も議論されてきた。生殖に対する自己決定に関わってとくに重要とされるのは，「**リプロダクティブ・ヘルス／ライツ**」という概念である。1994 年にカイロで行われた国際人口・開発会議（カイロ会議）において採択された「行動計画」においてこれが提唱され，さらに1995年に北京で行われた世界女性会議においてもその行動綱領にこれが記された。リプロダクティブ・ヘルスは，「人々が安全で満ち足りた性生活を営むことができ，生殖能力をもち，子どもを産むか産まないか，いつ産むか，何人産むかを決める自由をもつことを意味する」とされる（辻村　2012：88-89）。一方のリプロダクティブ・ライツは，「すべてのカップルと個人が，自分たちの子どもの数，出産間隔，ならびに出産する時期を，責任をもって自由に決定でき，そのための情報と手段を得ることができるという基本的権利，ならびに最高水準の性に関する健康およびリプロダクティブ・ヘルスを得る権利を認めることにより成立して」おり，「差別，強制，暴力を受けることなく，生殖に関する決定を行える権利も含まれる」という（辻村　2012：86-87）。そして，このリプロダクティブ・ライツには，避妊や人工妊娠中絶のような「産まない権利」のみならず，「生殖補助医療技術を利用する権利」や「子をもつ権利」が含まれるという議論がある（辻村　2012）。

ここまでの議論を振り返れば，人工授精や体外受精などの医療技術の利用について，婚姻関係の有無やセクシュアリティ，家族形態などを理由にそれを否定することは「差別」に当たり，異性愛主義や家父長制に基づく家族を規範化し，その他の家族を排除する点で問題だと考えられる。その一方で，第三者が関わる生殖補助医療に関しては，たとえ「生殖補助医療技術を利用する権利」がリプロダクティブ・ライツによって保障されると想定しても，それでもってして第三者に対して配偶子や胚の提供，そして代理母として子どもを産むことを強制することはもちろんできない。ドナーや代理母にも自分の生殖について自分で決定する自由や権利があるからである。さらに，とくにこの問題が顕著となる代理出産に関していえば，代理母の状況によっては，自己決定自体が難しい可能性，あるいは自己決定したと表面的には思われても実は自由な判断がなされたとはいえない可能性も考えられる。

以下，代理出産，とくに商業的代理出産やそれを行うために海外にいく生殖ツーリズムを取り上げて，この問題についてより詳細に考察したい。商業的代理出産とは，代理母に対価が支払われるものを指し，対価の支払われないものは利他的代理出産とよばれる。一方，**生殖ツーリズム**は**医療ツーリズム**の一種ともいわれ，自国では技術的，法的，経済的に受けることができない，あるいは受けることが困難な生殖医療を求めて外国へいくことを指す（今井　2013：39）。

商業的代理出産に関わってとくに問題とされてきたのは，身体の商品化に基づく搾取の問題である。**身体の商品化**とは，「身体の一部を誰かの所有物」，モノとみなし，「その所有権を金銭と引き換えに譲渡する」こと（柘植　2012：49）を指す。商業的代理出産は代理母の身体を，金銭の授受をともなう提供配偶子の利用はドナーの身体の一部を「市場」で取引きすることを意味する。モノ＝商品の価値は市場によって決められ，クリニックや斡旋業者が大きな利益を得る状況においては，とくに貧しく情報に乏しい女性が安い謝礼で十分な情報を与えられずに商品化され，搾取される可能性が高まる。経済格差を利用して新興国等で行われる場合，代理母になるのはお金を稼ぐ手段を他に有していない貧困の女性である可能性が高い。たとえ国内で行われたとしても，裕福な者による貧しい女性の搾取につながる可能性も十分想定される。

さらに，代理出産は妊娠・出産のリスクを他者へ押し付けることにもつながる。代理母には，妊娠中毒症や出産時に死に至る可能性もあり，依頼者はそのようなリスクを代理母，とくに貧しい他者に押し付けることになる。

心理的搾取という問題も挙げられている。代理出産は「いのちの贈り物」だとされる。たとえ代理母に報酬が支払われても，代理出産に必要な時間やリスクを考えれば高くない。人の役に立ちたいという代理母やドナーの良心に付け込んでいるともいえるかもしれない（柘植　2012：57)。しかもその一方で，クリニックや斡旋業者などは多額の報酬を得ている。

これらの問題を示すように，2010年から2014年にかけてインドで調査を行った社会学者の日比野由利は，代理母のおかれた難しい状況について報告している。[5] 日比野（2015：21-69）によれば，代理母になるのはとくに金銭的な問題や貧困にあえぐ女性たちで，また代理母になる女性の中には代理出産についての基本的な情報を有していない例もあり，彼女たちに「インフォームド・チョイス[6)]」は成立しないという。場合によっては，代理母は移植後から妊娠判定，さらに妊娠後出産までを専用の施設で過ごすこともある。それにより医師は栄養や薬など，代理母の生活を24時間管理できることになり，代理出産を成功させるための利点を提供しているという。胎児に障害等がある場合は中絶を求められることもあるが，それに対しても次の代理出産の機会を考える代理母は従わざるを得ない。子どもは必ず依頼者に引き渡すものとされ，無事に妊娠・出産して依頼者に子どもを引き渡してはじめて満額の報酬を受け取ることができる。自分のお腹にいる時は子どもが自分の子のように感じてしまうこともあるというが，たとえ子どもを手元におきたいと思っても彼女たちにその手段はない。子どもを引き渡したあと，数回のやり取り等のみで依頼者との関係が途切れてしまうことも多く，さらに出産後は医師に病院や専用施設からすぐに立ち退くようにいわれ，体調が悪くなっても治療費は自己負担だという。

このような状況にあって，代理母には「自己決定」が可能だといえるのだろうか。代理出産を「労働」ととらえれば，その労働には対価が与えられるべきであり，むしろ「不自由やリスクを伴うような行為を無償で行わせることは搾取である」という議論もあり得るだろう（今井　2013：40-41）。しかし，代理母本人が望んでいたとしても，あるいは家族や夫に求められて最終的に自分で決めたとしても，そもそも彼女たちにどれだけの選択肢があったのかということが問題とされなければならない。日比野は，インドにおいて金銭目的で代理母に志願する貧しい女性とその家族にとって，代理出産を行うという結論は「最初から（中略）決まって」おり，「情報を十分に与えられておらず，その情報を客観的に吟味できるだけの教育や訓練を与えられていない女性の場合，代理出産が孕むリスクについて，的確に予測や判断をすること〔は〕いっそう難しい」（日比野　2015：37，66）と述べる。経済的，社会的立場の弱さは選択肢のなさ／少なさにつながる。自己決定は，その判断に必要な十分な情報やそのための支援があってはじめて可能となる。選択肢がほとんどなく，必要な情報や支援もない中でなされた判断を自己決定とよぶことは難しい。

社会学者のウルリッヒ・ベックとエリーザベト・ベック＝ゲルンスハイムは，生殖ツーリズムを「外注資本主義」とよんだ（Beck and Beck-Gernsheim　2011＝2014：239）。それは生殖を「国際的な分業の規則とグローバルな不平等にしたがって，世界中に割り当て組織的に束ね，それによって法的障壁の下をかいくぐり，費用を最小限にし，利益を最大限にする」という（Beck and Beck-Gernsheim　2011＝2014：239）。ラディカル・フェミニストのレナーテ・クラインも，「代理出産は，新たな市場を求める（中略）体外受精産業」などによって積極的に推進されており，それは「新自由主義的資本主義による数十億規模の産業であり，日に日に成長しているようにみえること，そしてその産業にとって（大）金が儲かりさえすれば，『モラル』も『倫理』もほとんど重要ではないことを忘れてはならない」と述べる（Klein　2017：2，155）。その上で代理出産は「卵子『提供者』，産みの親，そして生まれてくる子ども（たち）の人権を侵害するもの」であり，代理母になることを女性の「選択」や「自己決定」等とすることを批判する（Klein　2017：3，16）。彼女はまた，代理出産を行う人びとの子どもが欲しいという「欲望」が「ニーズ」，そして子どもをもつ「権利」とされることにも否定的である（Klein　2017：154）。代理出産は巨大な産業と化し，世界市場の中でグローバルな不平等を前提に行われている。利益を得る人びとやそれを支援する人びとによって，それらの医療を利用しようとする人びとの子どもが欲しいという「願望」は増幅され，代理出産や生殖補助医療の産業はさらに成長していく。しかしそれは「選択」「自己決定」「ニーズ」「権利」等の言説によって覆い隠され，また正当化されているのである。

Practice Problems　練習問題 ▶ 2

辻村ほかによれば，代理出産の規制には，(1)法的に禁止する，(2)法律によって条件付きで認める，(3)医療専門職などによって自主規制されるという3つのパターンがある（辻村ほか　2021：198）。本章で取り上げたオーストラリアは(2)，日本は(3)にあたる。これらの国以外の国や地域を3つ取り上げて，代理出産の規制状況やその背景をレポートしよう。

5 生殖補助医療と家族・ジェンダー規範

前節においては，とくに生殖ツーリズムにおける商業的代理出産を取り上げて，生殖における自己決定や選択，権利の問題について議論してきた。しかしながら，これは貧しい地域で代理母となる女性たちのみの問題ではない。実は，先進国において女性たちが人工授精や体外受精などを含む生殖補助医療を利用することについても，同様の議論が可能なのである。

フェミニズムは生殖補助医療に対し，体外受精技術が出現した当時からその問題を指摘してきた。そこでは，前節で議論した女性の搾取や身体の商品化，自己決定侵害の問題に加え，とくに体外受精技術の発展段階においては，生殖補助医療が一般的に「男性」の医師や研究者によって担われ（Corea　1985：3），女性が「生きた実験室」（Rowland　1992：14）とされていることに強い批判がなされた。問題は，女性患者が男性医師や研究者によって「実験の原料」として利用されることだけでなく，男性医師や研究者と女性患者の間の権力関係の中で，妊娠・出産において女性患者が自己の身体から「疎外」され（Rowland　1992：13-14，237），その主体性が失われることでもある。これは，医師による患者および医師以外の医療専門職（看護師等）の支配を指す「**専門職支配**」の一環ととらえることができる。また，成功率が高くない上にホルモン剤の投与など，女性の身体に大きな負担や危険をもたらす可能性があること，女性が卵子や子宮に「切り刻」まれて（Klein　2017：161）還元され，そのような中で女性が「産む性」とされ，「産まない」「産めない」女性がスティグマ化されること（辻村　2012：109；柘植　2012：97-122），不妊治療に関わる医師の間にもそのような母性イデオロギーがみられること（柘植　1999）などの問題も指摘されてきた。

これらの議論からも明らかなように，生殖補助医療の正当性を支えてきたのは家族やジェンダーに関する社会規範である。私たちの生きる社会では未だに，人生において「子どもがいる／をつくる」ことが「あたりまえ」ととらえられ，規範化している。そしてそれは，女性に対する出産への圧力になっている。生殖・遺伝工学に抵抗するフェミニストの国際ネットワークである**フィンレージ**（FINRRAGE）の創立メンバーでもある前出のクラインは，不妊治療や生殖補助医療，代理母の経験，不妊をのりこえる試みなどについて各国の女性たちの声をまとめた。そこでは，たとえばオーストラリア人の女性によって不妊の辛さ，子どもがいないことで居場所がなくなること，「母親になれという社会的圧力」の問題などが語られている（Klein ed.　1989＝1991：34-47）。また，不妊治療経験者へのインタビューを行ってきた医療人類学者の柘植あづみも，日本の女性が夫や親からの子どもを産むことへの家父長制的な「圧力」や，「女であれば子どもを産むのが当然であり，子どもを慈しむのが当然である」という「母性」イデオロギー，「産めない」ことによる「女性性」からの逸脱等によって苦しむ姿を描き出している（柘植　2012：105-122）。生殖補助医療はこのような家族やジェンダーに関わるイデオロギー，規範を支え，再生産しているのである。

不妊治療や生殖補助医療は子どもを望む人びとに「夢」や「希望」を与えるものとされ，また，近年とくに注目されている卵子凍結の技術も，今は子どもをつくる時期ではない，あるいはつくる相手がいない女性に将来妊娠・出産するための「選択肢」を与えるものとされている。レズビアンやゲイ，シングルの者にとっては，生殖補助医療は（遺伝的関係のある）子どもをつくるために頼らざるを得ない手段でもあるだろう。その一方で，生殖補助医療はそれほど高くもない成功率にもかかわらず，人びとがそこに「希望」を見い出すからこそ大きな失望や精神的負担をもたらすことが知られている。それが「選択肢」として提示されるからこそ，人びとはそれを通じて子どもをつくることに導かれるが，自ら「選択」したはずが，その後不妊治療は多くの女性にとって「あきらめたいのにあきらめられない」ものになっていく（柘植　2012：12）。女性の妊娠・出産をめぐる社会状況を考えれば，最初のその「選択」さえも自由な決定を制限された中での決断なのかもしれない。そして，卵子凍結の技術が普及することは，子どもをつくることをあきらめることをさらに難しくもするだろう。生殖補助医療は確かに家族のあり方に変化をもたらし，これまで子どもをもつことが難しかった人びとにその手段を与える。しかしながら，それは女性たちへの出産への社会的圧力を強化しており，さらにそのアクセスなどをめぐってセクシュアリティや婚姻関係による差別を生み出し，国内外の不平等と交差することでとくに貧しい女性たちの搾取にもつながっていることを忘れてはならない。

Practice Problems　練習問題 ▶ 3

本章の議論を踏まえ，生殖補助医療と自己決定に関する自分の意見をまとめよう。

注

1) 英語では assisted reproductive technology（ART）とよばれ，直訳すれば「生殖補助技術」となるが，本章では本書の性質を考え，特段の理由がない限り一般的に使用される「生殖補助医療」で統一する。
2) エドワーズはこれにより 2010 年にノーベル生理学・医学賞を授与された。
3) 生殖補助医療の治療は女性の月経周期に基づき，採卵や受精，胚移植等の複数のステップからなり，「治療周期（cycle of treatment)」とよばれる。
4) なお，この法によって提供卵子・提供精子を用いた生殖補助医療が承認されたと解釈されている（柘植　2022：20)。
5) インドでは 2015 年に外国人のための代理出産が禁止された。
6) 有益な治療法や医療処置がひとつに限定されない場合などに，医療者から治療者に十分な情報が与えられ，選択肢が提示された上で，治療者が選択すること，そしてそれが尊重されることを指す（柘植　2012：v)。

参考文献

Beck, U. und E. Beck-Gernsheim, 2011, *Fernliebe: Lebensformen im globalen Zeitalter*, Berlin: Suhrkamp Verlag.（＝2014，伊藤美登里訳『愛は遠く離れて―グローバル時代の「家族」のかたち―』岩波書店）

Centers for Disease Control and Prevention (CDC), 2023, “Assisted Reproductive Technology (ART): ART Success Retes,” (Retrieved November 11, 2023, https://www.cdc.gov/art/artdata/index.html).

Clarke, G. N., 2006, “A. R. T. and History, 1678-1978,” *Human Reproduction*, 21(7): 1645-1650.

Conrad, P., 1992, “Medicalization and Social Control,” *Annual Review of Sociology*, 18: 209-232.

Corea, G., 1985, *The Mother Machine: Reproductive Technologies from Artificial Insemination to Artificial Wombs*, New York: Harper & Row.

Foucault, M., 1976, *Histoire de la sexualité, vol. 1: La volonté de savoir*, Paris: Gallimard.（＝1986，渡辺守章訳『性の歴史 I―知への意志―』新潮社）

藤田智子，2015，「20 世紀半ばのオーストラリアにおける不妊治療の発展と不妊の医療化」『パブリック・ヒストリー』12：46-61

――，2019，「現代オーストラリアにおける代理出産と社会規範―『ベビー・ガミー』事件をめぐる議論を中心に―」『三田社会学』24：125-39

Greenfeld, D. A., 1997, "Does Psychological Support and Counseling Reduce the Stress Experienced by Couples Involved in Assisted Reproductive Technology?" *Journal of Assisted Reproduction and Genetics*, 14(4): 186-188.

日比野由利，2015，『ルポ生殖ビジネス―世界で「出産」はどう商品化されているか―』朝日新聞出版

――，2019，「『出自を知る権利』に関し，どのような制度設計が望ましいのか」『IRYO』73(1)：4-10

今井竜也，2013，「第三者生殖ツーリズムの規制に関する考察―渡航移植・移植ツーリズムとの比較から―」『生命倫理』23(1)：38-45

Klein, R., 2017, *Surrogacy: A Human Rights Violation*, North Geelong: Spinifex Press.

Klein, R. D. ed., 1989, *Infertility: Women Speak Out About Their Experiences of Reproductive Medicine*, London: Pandora Press.（＝1991，フィンレージの会訳『不妊――いま何が行われているのか』晶文社）

国立社会保障・人口問題研究所，2023，『現代日本の結婚と出産―第 16 回出生動向基本調査（独身者調査ならびに夫婦調査）報告書―』，（2023 年 9 月 2 日取得，https://www.ipss.go.jp/ps-doukou/j/doukou16/JNFS16_reportALL.pdf）

厚生労働省，2018，「平成 29 年度厚生労働省　不妊治療と仕事の両立に係る諸問題についての総合的調査研究事業」（2023 年 8 月 29 日取得，https://www.mhlw.go.jp/file/04-Houdouhappyou-11910000-Koyoukankyoukintoukyoku-Koyoukikaikintouka/0000197931.pdf）

南貴子，2010，『人工授精におけるドナーの匿名性廃止と家族―オーストラリア・ビクトリア州の事例を中心に―』風間書房

牟田和恵・岡野八代・丸山里美，2021，『女性たちで子を産み育てるということ―精子提供による家族づくり―』白澤社

Newman, J. E., R. C. Paul and G. M. Chambers, 2023, *Assisted Reproductive Technology in Australia and New Zealand 2021*, Sydney: National Perinatal Epidemiology and Statistics Unit, the University of New South Wales, Sydney.

日本産科婦人科学会，2023a，「不妊症」（2023 年 6 月 3 日取得，https://www.jsog.or.jp/modules/diseases/index.php?content_id=15）

――, 2023b,「2021年ARTデータブック（2021年体外受精・胚移植等の臨床実施成績）」（2023年11月11日取得, https://www.jsog.or.jp/activity/art/2021_JSOG-ART.pdf）
――, 2023c,「『体外受精・胚移植に関する見解』および『ヒト胚および卵子の凍結保存と移植に関する見解』における『婚姻』の削除について（2014年6月）」『日本産科婦人科学会雑誌』75(8)：791（2023年11月30日取得, https://fa.kyorin.co.jp/jsog/readPDF.php?file=75/8/075080775.pdf）
――, 2023d,「提供精子を用いた人工授精に関する見解／考え方（2015年6月改定）」『日本産科婦人科学会雑誌』75(8)：786-788（2023年11月30日取得, https://fa.kyorin.co.jp/jsog/readPDF.php?file=75/8/075080775.pdf）
――, 2023e,「代理懐胎に関する見解／考え方（2003年4月）」『日本産科婦人科学会雑誌』75(8)：821-822（2023年11月30日取得, https://fa.kyorin.co.jp/jsog/readPDF.php?file=75/8/075080775.pdf）
Rowland, R., 1992, *Living Laboratories: Women and Reproductive Technology*, London: Cedar.
柘植あづみ, 1999,『文化としての生殖技術―不妊治療にたずさわる医師の語り―』松籟社
――, 2012,『生殖技術―不妊治療と再生医療は社会に何をもたらすか―』みすず書房
――, 2022,『生殖技術と親になること―不妊治療と出生前検査がもたらす葛藤―』みすず書房
辻村みよ子, 2012,『代理母問題を考える』岩波書店
辻村みよ子・糖塚康江・谷田川知恵, 2021,『概説ジェンダーと人権』信山社

自習のための文献案内

① 柘植あづみ, 1999,『文化としての生殖技術―不妊治療にたずさわる医師の語り―』松籟社
② 由井秀樹, 2015,『人工授精の近代―戦後の「家族」と医療・技術―』青弓社
③ 日比野由利編著, 2013,『グローバル化時代における生殖技術と家族形成』日本評論社
④ 江原由美子, 2012,『自己決定権とジェンダー』岩波書店

①は産婦人科医へのインタビュー調査を通し，生殖補助医療について検討した先駆的な研究である。②は日本における非配偶者間人工授精の歴史を検討し，それと戦後の家族との関係を考察した研究である。③は生殖補助医療のグローバル化がもたらす影響と法規制のあり方等について多角的な視点から考察した論文集である。④は生殖補助医療などの問題を取り上げながら，女性の自己決定権についてジェンダーの観点から考察したものである。いずれも生殖補助医療と家族の問題を考えるのに貴重な視座を提供する。

第 6 章

家族と多様な性

松浦　優

1 家族研究にとっての性的マイノリティ

現在ではLGBT（レズビアン・ゲイ・バイセクシュアル・トランスジェンダー）という言葉の知名度も高くなっており，そうした人びとの存在が可視化されつつある。また後述するように，近年ではアセクシュアルのような，LGBT 以外の**性的マイノリティ**についても可視化が進みつつある。しかしながら，家族をめぐる法制度には依然として，異性愛を前提とする枠組みが強固に存在している。さらにトランスジェンダーの人びと（出生時に割り当てられた性別と異なる性別を生きている人びと）に不当な不利益を強いる法制度として，戸籍上の性別に関する制度や婚姻制度の問題も存在する。

法制度以外の面でも，性的マイノリティへの差別に関する議論は家族研究と密接に関わっている。たとえば，自分の「きょうだい」や「子ども」が性的マイノリティである場合に抵抗感を抱くという人の割合は，「近所の人」や「同僚」が性的マイノリティである場合に抵抗感を抱くという割合よりも顕著に高い（釜野ほか　2016：97)。つまり，関係が比較的遠い相手であれば性的マイノリティでも気にしない傾向にあるが，より身近な家族が性的マイノリティである場合には抵抗感を抱かれやすいのである。

さらに別の量的調査からは，固定的なジェンダー観や家族観をもっている人のほうが，性的マイノリティに抵抗感をもつ割合が高いと示されている（釜野 2022a：109)。たとえば「男女が一緒にくらすなら結婚すべきである」に「そう思う」と答えた人は，「そう思わない」と答えた人とくらべて，性的マイノリティに対する抵抗が有意に高い（図 6-1）（釜野　2022a：103)。性的マイノリティの周縁化は，保守的な家族観や家族制度とも関わっているのである。以上のように，性的マイノリティへの差別は，家族の多様性やジェンダー平等をめぐる問題と密接に結びついているといえる。

これに加えて，性的マイノリティ自身がどのような家族生活を営んでいるのか，ということも家族研究の重要な論点である。性的マイノリティの人びとは，マジョリティのあり方を基準とした制度や慣習や規範のもとで周縁化されており，それによってマジョリティとは異なる仕方で家族生活を営んでいる場合がある。それゆえ性的マイノリティを成員に含むような家族を研究することによって，セクシュアリティやジェンダーに関する制度や規範や慣習をより精緻に示すことができるのである。

2 セクシュアリティやジェンダーに関わる用語について

この章では以上のようなトピックについて紹介していくが，本題に入る前に，セクシュアリティやジェンダーを理解するための用語を確認しておく。まず，どの性別の相手に性的に惹かれるかを表す言葉が**性的指向**（セクシュアル・オリエンテーション）である。性的指向のマイノリティとして，たとえば同性愛やバイセクシュアル（両性愛）のほか，どの性別の人にも性的に惹かれないアセクシュアル（無性愛）が含まれる。逆に性的指向に関するマジョリティは異性愛（ヘテロセクシュアル）である。またアセクシュアル・コミュニティでは，恋愛的に惹かれる相手の性別を表す言葉として**恋愛的指向**が用いられており，性的指向とは区別されることがある。恋愛的指向がどの性別の人にも向かないことがアロマンティックとよばれる。

次に，自分がどの性別であるのかという自己理解を**性自認**（ジェンダー・アイデンティティ）とよぶ。このアイデンティティは「自分がどの性別集団に属しているのかについての帰属意識」とも関わっているものであり（周司・高井 2023：16)，生まれてから成長するプロセスの中で形作られるものである。性

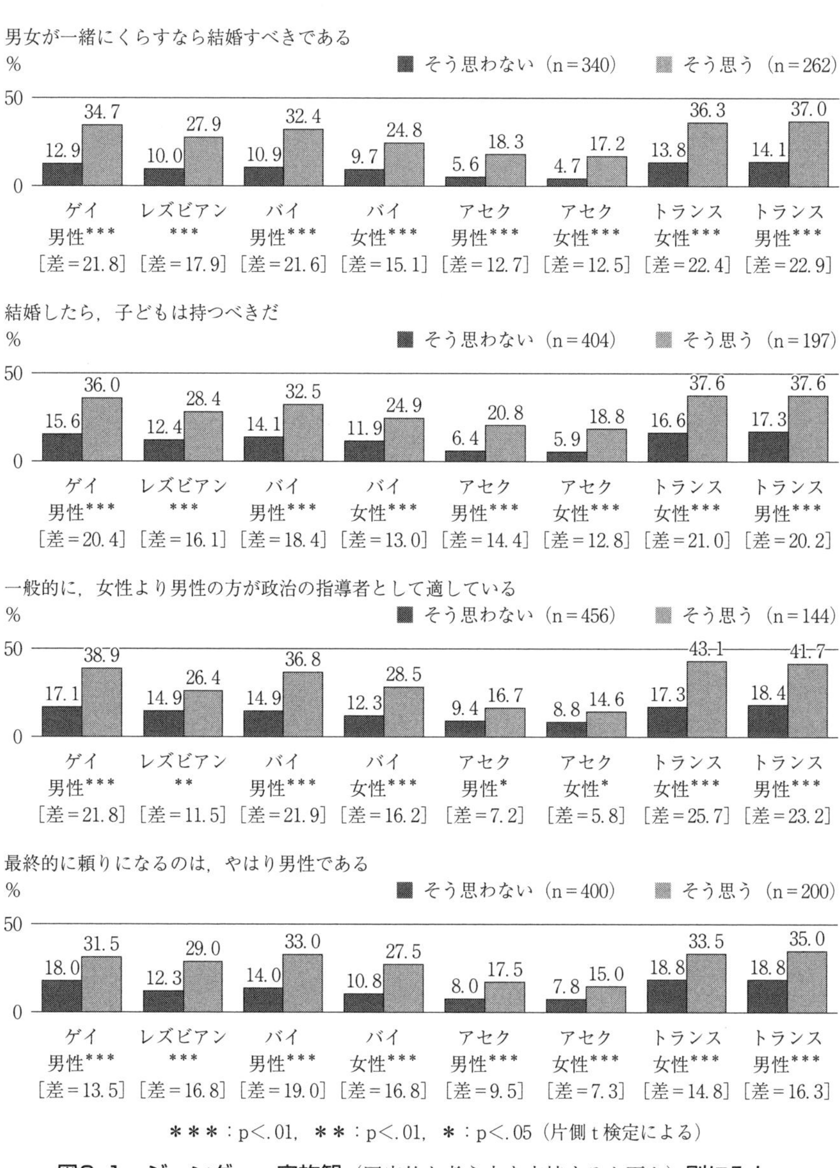

図6-1　ジェンダー・家族観（固定的な考え方を支持するか否か）**別にみた，友人が性的マイノリティだった場合に抵抗感をもつ人の割合**

注1）この設問では性的マイノリティに抵抗感をもつ人の割合について，たとえば「仲の良い男性の友人が同性愛者だとわかったら抵抗がある」という質問に「そう思う」「どちらかといえばそう思う」と答えた人の割合を算出している。

出典）釜野（2022a：103）

自認のカテゴリーとしては，女性や男性のほか，女性か男性のどちらか一方の固定的なアイデンティティをもつのではない人びとを総称するノンバイナリー（あるいはXジェンダー）もある。

多くの人びとは，出生時に割り当てられた性別が性自認と一致している。このようなあり方をシスジェンダーとよぶ。逆に両者が一致していない場合を表すのがトランスジェンダーである[1)]。以上のことから，性的マジョリティはシスジェンダーかつ異性愛者のことだといえる。それ以外の人びとが，性的マイノリティである。

私たちの社会には，性的マイノリティの人びとを周縁化する規範が根強く存在する。まず異性愛であることを「ノーマル」で「望ましい」ものだとみなす規範が，**異性愛規範**（heteronormativity）や強制的異性愛（compulsory heterosexuality）とよばれる。これは，レズビアン・フェミニズムやゲイ解放運動を通して提起された概念である。また，シスジェンダーであることを「ノーマル」だとみなすという**シスジェンダー規範**（cisnormativity）も存在する。

これに加えて近年では，異性愛規範を批判するだけでは，「異性愛でも同性愛でも，誰かを好きになるのは当たり前のことだ」という固定観念が残ってしまうのではないか，という問題提起がアセクシュアルの立場からなされている。そこでは，誰かに性的に惹かれることを「ノーマル」なものとみなす規範が**強制的性愛**（compulsory sexuality）と呼ばれている[2)]。

以上のような規範は，性的マイノリティの家族生活に大きな影響を与えている。本章ではそのことを説明しつつ，家族の形や家族制度のあり方について考えていく。

3 性的マジョリティの家族との関係

まず取り扱うのは，家族に対するカミングアウトである。親との関係は子どもの生活にとって重要な問題であり，カミングアウトはその関係を大きく左右する。性的マイノリティの家族関係に関する日本での先駆的研究が，三部倫子

資料6-1　レズビアンの江川さんの事例

◎江川さん：例えば，お互いが病気になって，例えば，私が事故に遭ったときに，多分連絡が来るのは，親。でも（パートナーには）連絡しないとか，たんに（病院や関係機関にパートナーだと）言わないといけないので，その時にお母さんが知ってたら，（パートナーに）連絡してくれるから，そういう面でもやっぱ言っておいた方がいいかなというのがあったんで，言いました。

出典）三部（2014：78）

の調査である。三部は，レズビアン・ゲイ・バイセクシュアルの人びとと，性的マイノリティの子がいる親について，2007年から2010年に行ったインタビュー調査をもとに分析をしている。

まずLGBTの人びとは，自身の性的指向や同性パートナーとの暮らしについて，親に承認してほしいと望んでいる（三部　2014：74）。こうした承認は精神的な支えとなるだけではなく，性的マイノリティの人びとの生活しやすさを左右するものでもある。たとえば資料6-1のレズビアンであるインフォーマントの語りのように，制度的・社会的に同性パートナーが承認されていない局面でも，親からの承認があることによって不利益を回避できる場合がある。

しかしすべての親がカミングアウトを簡単に受け入れられるわけではない（三部　2014：107-124）。親が同性愛に嫌悪感を抱いていることもあるほか，孫をもつことができないのではと考えることによって，期待していた人生設計を崩されることにショックを受けることもある。それに加えて，身近な家族に同性愛者がいるということによって，自らも偏見を被るリスクが生じる。これはスティグマを負わされる人の関係者へと付与されるスティグマであり，ゴッフマンの言葉を借りれば「縁者のスティグマ」だと言える（三部　2014：18）。

こうした論点について，カミングアウトする側の立場に加えて，カミングアウトされた親の側の経験についても研究がなされている。たとえば，異性愛規範や「普通の家族」の規範をより強く内面化している親ほど，子どもからのカミングアウトに衝撃を受けやすいと指摘されている（三部　2014：147）。

子どもからのカミングアウトを受け止めるプロセスは，カミングアウトの瞬間だけで完結するものではない。カミングアウトを受けたあとにも葛藤を抱えながら，たとえば性的マイノリティに関する本やウェブサイトで情報を集めたり，他の人に相談したりといったプロセスを通じて，徐々にカミングアウトを受け入れていくこともあり，その過程で親子関係が再編成されることもある（三部　2014：151-196）。

ただし社会的なジェンダー規範の影響で，子どもからのカミングアウトによって親がおかれる状況は，父親と母親で異なる（三部　2014：248-249）。たとえば，子どもは父親よりも母親からの理解を強く求めがちである。さらに母親は，自分の育て方が原因で子どもが同性愛者になったのではないかというような，同性愛の原因として意識されることがある。こうした意識に加えて，子どもを理解できないことに対して，母親は自責の念を抱くこともある。

また子どものカミングアウトを受け入れるプロセスにも，母親が「家族崩壊」を回避する「調整役割」を担うというような，**近代家族**の母親役割が関わる場合がある（元山　2014：124）。子どものカミングアウトに対する親の対応にも，母親が育児やケア役割を期待されるというジェンダー規範の影響がみられるのである。

トランスジェンダーにとっても，親からの承認やサポートは重要である。とりわけトランスジェンダーの場合，「性同一性障害」の診断を受けたりホルモン療法などを始めたりといった，医療的な措置を行う際に，親からの理解の有無が大きな問題となる。これは心理的あるいは経済的な支援の問題だけではない。精神科医による診断では，出生時性別と反対の性別で生きていきたいという確信があるかどうかや，反対の性別で生きていけるよう周囲の理解を得られるかどうかが，治療を許可する判断基準とされることがある。そのため，資料6-2のトランス男性の語りからわかるように，親の理解を得られないという理由で治療を諦める人も出てくるのである。

トランスジェンダーについても，子どもからカミングアウトされた親について研究がなされている（石井　2018：191-230）。こちらもLGBの親と同じように，自責の念を抱いたり，子どもの今後の人生に不安を抱いたりすることや，

資料6-2　トランス男性のＬさんの事例

◎医者に通っていた目的は，名前を変えたかった，胸をとりたかった，ホルモンを打ちたかった。だけど親がすごく反対してて，とくに母親は，このままだと精神的に不安定になっちゃうんじゃないかと思って。（中略）その日は「わかった，あんたの好きなようにすればいい」って言ってたんだけど，次の日には「やっぱりいやだ，あんな医者のところにあんたを行かせたくない。病院を変えなさい」って言われて。

出典）杉浦（2013：156-157）

トランスジェンダーに関する情報収集に努めることがあると指摘されている。ただしホルモン療法や性別適合手術による子どもの身体への影響を不安がるというのは，トランスジェンダーの場合に特有である。

LGBとの共通点として，父親よりも母親のほうが子どものカミングアウトにより深く関わるという点も挙げられる。これに対して父親は，カミングアウトを受けてもトランスジェンダーについて深入りしない傾向がある。この原因として，ホモフォビア（同性愛嫌悪）や父親役割の存在が挙げられている（石井　2018：220-223）。母親とくらべて父親のほうが性の多様性言説を内面化していない傾向があり，また父親のほうが子どもとの関係に距離がある。LGBTのカミングアウトに対する父親と母親の反応の違いには，このようなジェンダー規範が関わっているのである。

これに加えて，近年では「男女に当てはまらない性自認」であるXジェンダーについても，カミングアウトの研究がなされている。Xジェンダーという言葉は，現時点ではLGBTとくらべると知名度が低い。そのため子どもがカミングアウトする際には，たとえば「セクシュアルマイノリティ」のような，より知名度の高い言葉を用いることがある（武内　2021：101）。また，子どもが手術による身体加工を必要としていない場合，手術するほど深刻ではないという理解をすることによって，親が子どものカミングアウトを受容することもある（武内　2021：104）。とはいえ，Xジェンダーの場合にもカミングアウトは決して容易ではない。カミングアウトによって親との関係が疎遠になった事例があるほか，「男女に当てはまらない性自認」という当人のあり方がそもそも理解されにくいという問題もある（武内　2021：108）。

さらに近年の研究として，トランスジェンダーやXジェンダーの人がパートナーにカミングアウトする事例についても調査が蓄積しつつある。そこでは，カミングアウトによる関係の変化に加えて，パートナー側も悩みを個人で抱えざるを得ない状況が指摘されている（趙　2022：84-85）。またXジェンダーの場合は，自身の性自認をパートナーに理解されにくいせいで，パートナーが依然として男女二元論的な異性愛に基づく親密関係を求めてくることによって，パートナーとの関係に困難が生じることがある（武内　2021：107）。

以上のように，性的マイノリティにとってカミングアウトは，生活の質やその後の人生を左右するものであり，そして身近な家族との関係に変化をもたらすものである。そしてそこで生じる変化や困難には，家族に関するジェンダー規範が密接に関わっているのである。

4 性的マイノリティ自身の作る家族：友人ネットワーク，役割分担，育児

カミングアウトをめぐる研究からみえてくるのは，親という身近な家族との関係における困難である。2010年代頃からLGBTという言葉の認知が進み，性の多様性に関する言説がある程度広がってきたとはいえ，依然として親とのコンフリクトがなくなったわけではない。家族から排除された性的マイノリティの中からは，代わりとなるネットワークを自ら作ることによって対処する人も出てくる。

そのひとつとして，友人ネットワークを家族とみなす実践がある（釜野　2008：17）。血縁家族からのサポートが得られない状況では，「選択できない」ものとしての血縁家族が相対化され，代わりに友人ネットワークや同性パートナーが「**選び取る家族**」（chosen family）として認識される。こうした実践は，血縁家族が精神的・経済的な支えになるという前提を問い直すものである。

また，レズビアンやゲイの親密関係においては，「恋人と友人の境界の緩や

かさ」や「一対一にとらわれない関係」が特徴として挙げられることがある（釜野　2008：18）。主流的な異性愛関係においては，性的関係を含む恋人と，性的関係のない友人は，明確に切り分けられがちである。それにくらべると，レズビアンやゲイの関係では友人と恋人の間がグラデーション的な傾向がある。たとえば日本の調査からも，「元恋人とその子供の住む隣に，新しい恋人と同居し，子どもの世話も含めて互いにサポートし合って生活している」というレズビアンの事例が示されている（釜野　2008：18）。

これに加えて，同性カップルでは**家事分担**や生活費負担などの仕方についても，異性愛カップルとは異なる実践がみられる。たとえばレズビアンカップルについての調査からは，パートナー間での家事分担は多様で，柔軟性があり，相互の交渉が目立つということが指摘されている（Kamano　2009：133）。ここで注目すべきは，彼女たちが家事分担の理由として，パートナー間の収入の差を挙げなかったという点である。異性愛カップルでは女性が家事を多く担いがちで，その理由として夫婦間の収入の差が挙げられることがある。しかしレズビアンカップルの場合は，女性の経済的地位が低いため共同で家計のやりくりをする必要があること，転職や型にはまらないキャリアパスを選ぶことによってパートナー間の収入格差が流動的であること，そしてレズビアン関係の固定的なモデルが存在しないこと，といった理由で，結果的に多様な実践が生まれているのである（Kamano　2009：136）。

さらに，レズビアンカップルの家事実践には社会的なジェンダー規範の影響もみられる。釜野がインタビューしたレズビアンたちは，女性は家事の仕方や負担を「知っている」というように，女性と家事を結びつけて語っていた。こうした語りは，彼女たちが規範的な女性らしさを受け入れているように思われるかもしれない。しかし彼女たちは「男性のために果たすべき役割」として家事をとらえているわけではなく，むしろパートナー間での平等を志向している。家事をする女性という「伝統的な役割」を受け入れることが，必ずしもパートナー間での平等と矛盾するわけではないということが示唆されている（Kamano　2009：139）。

同様の研究はゲイカップルについてもなされている。ゲイカップルにおいても異性愛カップルとは異なる実践がみられるのだが，しかしそこに働くジェンダー規範はレズビアンの場合とは異なるものである。この点について，神谷悠介が2008年から2010年に実施したインタビュー調査に基づいて確認していく。

まず家計についてだが，ゲイカップルでは，それぞれの収入を個別に管理するという「家計の独立」が目立つ（神谷　2017：64）。このことは，異性愛家族では家計の共同が主流的であることとは対照的である。またゲイカップルは，「カップル双方の労働時間が長く，収入が比較的高い」場合や家事の外注に抵抗がない場合には，お金を払って外食や掃除サービスを利用している（神谷　2017：91）。家事を外注する要因自体は異性愛家族と共通するものである。しかしゲイカップルの場合はカップル双方が男性であるため，双方とも（女性に割り振られがちな）家事役割から距離を取りやすいという側面がある。

以上のようなゲイカップルの特徴の背景には，男性らしさをめぐるジェンダー規範がある。たとえば，ゲイカップルでは家事役割から距離を取りやすいと同時に，「カップル双方に仕事役割が期待されている」（神谷　2017：113）。ゲイカップルにおいても，支配的なジェンダー規範に基づく実践がみられる。しかし先にみたように，同じ規範であっても，異なる生活スタイルや人間関係のもとでは，異なる実践をもたらす。性的マイノリティの家族実践をとらえる上では，こうしたジェンダーの観点が不可欠だといえる。

ここまではパートナー関係の論点を扱ってきたが，これに加えて同性カップルで子どもをもつ場合もある。社会においては，そもそも性的マイノリティが子どもをもつことはありえないという思い込みもあるほか，性的マイノリティが子どもをもつことを非難する見方もある。たとえば「子どもがかわいそう」という形での批判がなされることがあるが（杉浦　2016：180），むしろそのような見方のほうが同性カップルとその子どもを追い詰めるものであるという点に注意が必要である。

学術研究においても，初期には性的マイノリティの子育てによる子への負の影響をめぐる議論が行われ，子の成長に負の影響はないという研究が蓄積されてきた。しかし英語圏では2000年代以降は，異性愛家族と比較して「欠陥」の有無を探すという枠組み自体が批判され，性的マイノリティの親をもつ子どもの多様性を分析する研究が行われている（有田　2022：68）。そこでは，LGB親のもとで育つことで，より寛容で，異性愛規範への感受性が高まっているという調査がなされている（有田　2022：71）。

レズビアンやゲイが子どもをもつ方法として，① 異性間性交による妊娠・出産，② 子連れのパートナーと子育て，③ 人工授精による妊娠・出産，④ 法律上の親子関係を結ぶ養子縁組，⑤ 受精卵を第三者の子宮に移植する代理出産の利用が挙げられる（杉浦ほか編　2016：188）。ただし現時点の法制度では，特別養子縁組は法的な婚姻関係のある夫婦にしか認められておらず，また代理出産の利用も現実的ではない[3)]。また ③ について，現在の日本では婚姻夫婦以外の生殖補助医療は認められていないものの，精子ドナーを自力で確保しさえすれば，形式上は「事実婚のカップル」としてクリニックにアクセスできる（牟田ほか　2021：25）。とはいえ ① と ③ を実行できるのは，自ら子どもを産むことのできる人のみである。また日本では異性婚カップルが離婚した場合，子どもの親権を母親がもつことが一般的である。そのため，男性同士のカップルが子どもをもつことは難しい，というのが現状である。

そのような制約があり，女性同士のカップルでの子育てに関する研究は日本でも行われている。精子提供を受けて子どもを産み育てている女性たちの中には，ゲイの知り合いやLGBTサークルで交流のある人から精子を得る場合が多い（牟田ほか　2021：20）。知人から精子提供を受ける場合，精子ドナーと子どもとの関わり方はある程度の交渉が可能である（釜野　2008：20；牟田ほか　2021：44-48）。ドナーと子どもがまったく関係をもたないというあり方も可能であるが，たとえば「おじ」のような立場として子どもと関わっていくこともあり得る。他方で，子どもが生まれたあとにドナーから不必要な関係を求められたくないと考える人の中には，インターネットを通して精子提供を受ける人もいる（牟田ほか　2021：22）。いずれの家族も，男女一対の親という異性愛家族とは異なる形を築いているものである。

しかしこうした形の家族は，異性愛規範的な社会のもとでさまざまな困難に直面する。たとえば子どもをもった女性カップルたちが，自分たちの親から「親戚や近所の人には『女性カップル』『女性パートナー』とは公に言ってほしくない。ただのシングルマザーとしておいてほしい」ということを言われる場合がある（牟田ほか　2021：34）。また，職場で産休・育休を取得する際に「女性パートナーとの子ども」だということを伝えたくても伝えられない，という経験をする人もいる[4)]（牟田ほか　2021：42）。

このように，マジョリティのあり方を基準とした制度や慣習のもとで，性的マイノリティは家族生活において困難を経験することがある。とくに性的マイノリティの人びとは，法律によって家族を作ることをむしろ制限されてしまっている。次にこの問題について，「性同一性障害の性別の取扱いの特例に関する法律」と婚姻制度に注目して説明する。

5　法制度をめぐって(1)：性同一性障害の性別の取扱いの特例に関する法律

トランスジェンダーに関する法制度として，「**性同一性障害の性別の取扱いの特例に関する法律**」（通称「特例法」）という法律がある。この法律に定められた要件を満たすことで，戸籍上の性別を変更することができる。しかしながら，この法律では性別変更のために差別的で不合理な要件が課されている（周司・高井　2023：152-167）。

なかでもとくに家族と関わるものとして，「現に婚姻をしていないこと」という非婚要件，「現に未成年の子がいないこと」という子なし要件，そして「生殖腺がないこと又は生殖腺の機能を永続的に欠く状態にあること」という不妊化要件が挙げられる（周司・高井　2023：161-165）。現在の法律では，戸籍上の性別を変更するために，家族を作ることを制限されてしまっているのである[5)]。

そしてこのうち非婚要件は，実は同性婚をめぐる論点とも関わっている。すでに（戸籍上の異性間での）婚姻をしている人が性別を変更することで，戸籍上の同性婚状態が発生するのではないか……という発想で非婚要件が定められたという背景がある（周司・高井　2023：153）。つまり非婚要件は，同性婚を法的に認めないという問題と表裏一体なのである（周司・高井　2023：176）。この意味で，同性婚をめぐる議論はトランスジェンダーの人びとにも関わっているのである。

6 法制度をめぐって⑵ ：同性婚・同性間パートナーシップ認定制度

これを踏まえて，婚姻制度の問題を説明していく。たまに誤解されているが，現在の日本では同性間での法的な婚姻は認められていない。自治体によっては，同性カップルの関係を承認するための**パートナーシップ制度**が定められているところもあるが，これは国の法律ではなく，そのため効果も限定的である。

もちろんパートナーシップ制度にまったく意義がないわけではない（杉浦・野宮・大江編　2016：138-139）。たとえば一部の生命保険会社や携帯電話会社や銀行などが，異性カップル向けのサービスを同性カップルにも提供するようになっている。また具体的なサービスに加えて，自治体が同性間のパートナーシップを承認すること自体が，同性愛者の存在を社会的に承認するメッセージとなるという側面もある。

しかしながら，パートナーシップ制度では保証されない問題はさまざまにある。たとえばパートナーが亡くなった時，法的な婚姻関係があれば確実に遺産を相続できるのだが，法的な婚姻関係がない場合には遺言なしに相続を受けることができない。もしパートナーの所有する家に住んでいた場合，パートナーが急に亡くなった時にその家を追われる可能性も出てくるのである。

また先に述べたように，同性パートナーと子育てをしている家庭もあるのだが，現在の法律ではその子どもの親権を片方の親しかもつことができない。親権をもたないほうの親は，家族としての関係を法的に認められないのである。ここでも，親権をもつほうの親が急に亡くなるなどの不測の事態が生じた時に，制度的な保障を受けられないという問題が生じてしまう。

制度的にも社会的にも同性愛差別がある中で，一部の同性愛者は異性との法律婚をする人もいる。同性愛者としてのアイデンティティを隠したり同性愛嫌悪を内面化したりした結果として異性との法律婚をする場合もあるが，それに加えて，同性カップルでの家族形成をめぐる「制度的・社会的障壁やロールモデルの不足」によって異性との法律婚を考えるようになる場合もある（島袋 2022：61）。制度的な恩恵が異性間の婚姻にしか与えられていない点に加えて，子育てのロールモデルが異性カップルのライフスタイルに限られていることもあり，同性カップルでの子育てを思い描きにくいという状況がある。そのような状況の中で，同性愛者としてのアイデンティティをもちつつも，異性の「信頼が置ける人」や「家族愛を抱く人」との結婚を志向する人もいるのである（島袋　2022：61）。

法的な婚姻は，単にお互いの愛情や関係を確かめるだけのものではなく，さまざまな法制度や社会的サービスや生活上の慣習とも関わっている。にもかかわらず，そこからは戸籍上の異性間カップル以外の家族が締め出されてしまっている。性的マイノリティの人びとが婚姻平等を求めるのは，この不平等を是正するためなのである。

Practice Problems　練習問題 ▶1

現行の婚姻制度にはどのような権利が紐づけられているか，婚姻制度を利用できない人びとはどのような不利益を被るのか，調べてみよう。

7 法制度をめぐって(3)：婚姻制度そのものの問題

しかしながら，既存の婚姻制度に同性カップルを組み込むことで，本当に多様な家族を包摂できるのだろうか。このような観点から，婚姻制度そのものがカップル主義的であり，婚姻制度そのものを解体すべきだという批判がある（志田　2009：162）。

先に述べたように，同性愛者の親密関係には，一対一の性愛関係がそれ以外（友人や元恋人など）の関係とグラデーション的である場合がある。しかし既存の婚姻制度は，一対一の性愛関係を（他の関係とくらべて）特別なものとみなすという，異性愛カップルの慣習を前提としている。言い換えれば，現行の婚姻制度は，カップル関係に家族のさまざまな機能を集中させるものとなっているのである。それゆえ，現行の婚姻制度に同性カップルを組み込むことは，カップル主義の問題を異性愛家族以外にも広げることになってしまうのである。

これに対して，婚姻制度そのものは擁護しつつも，現行の婚姻制度は大きく改訂すべきだという議論がある。それが**エリザベス・ブレイク**の最小結婚論である。ブレイクが指摘するように，現行の婚姻制度は同性愛関係を周縁化しているだけでなく，アセクシュアルやアロマンティックの人びと，独身者，友人同士のケアネットワーク，ポリアモリー（合意に基づく複数愛）などを差別するものでもある（Brake　2012＝2019：157）。

たとえば，あるシングルマザーが近所に住んでいるほかのシングルマザーと助け合いながら暮らしている状況を考えてほしい。ここでは２人のシングルマザーが互いに助け合っているにもかかわらず，その関係が法的に承認されることはなく，支援も十分には行われない。これに対して，２人で支え合って暮らしている男女は，婚姻届を提出することによってお互いの関係を法的に承認され，子育てについてもさまざまな制度的な支援を受けることができる。この２組は，いずれも成人同士のケアネットワークの中で子育てをしている。それにもかかわらず，両者の間では制度的な不平等が生じているのである。

また，アセクシュアルやアロマンティックの人びとの中にもパートナーを望む人は一定数いる。とくにアセクシュアルの中でもアロマンティックでない人びと（ロマンティック・アセクシュアル）は恋愛関係に関心を示しやすい傾向があるという調査や（Tessler　2023），性的関係や恋愛関係のないパートナーを求めている人びとがいるという調査もなされている（As Loop　2023）。しかし「パートナーや結婚という関係には性的関係や恋愛感情が含まれるはずだ」という考え方が根強いことから，こうした人びとはパートナー関係を構築する上で困難を経験する可能性がある。

このような問題は，異性愛規範だけでは説明できない。そのことをとらえるために，ブレイクは「**恋愛伴侶規範**」（amatonormativity）という概念を提起している。恋愛伴侶規範とは，「中心的で排他的な恋愛関係こそが人間にとって正常であり，また普遍的に共有された目的であるという想定」（Brake　2012＝2019：157）である。恋愛伴侶規範的でない婚姻制度を考えるべきだというのがブレイクの立場である。

ブレイクはこのような問題提起をふまえて，婚姻制度はあらゆるケア関係を承認・支援するものとなるべきだと主張する。これは婚姻に関する法的規制を最小化するものであり，「**最小結婚**」とよばれる（Brake　2012＝2019：267）。ケアを基礎とするものへと婚姻制度を再構成しようとする提案は，ケアする／される関係を家族の中核的な単位とすべきだという**マーサ・ファインマン**[6)]の議論と似ている。しかしファインマンが「依存関係」を基礎に据えているのに対して，ブレイクは成人間の対等なケア関係もまた法的に承認・支援されるに値すると論じている。

加えてブレイクは，子どもの養育に関する制度と婚姻制度を分離すべきだとも論じている。まず，成人間の関係については契約による自由な選択がよいのに対して，養育者と子どもの関係では養育者側の責務が強制されるべきである（Brake　2012＝2019：253）。また，婚姻と養育を結びつける制度は，婚外子（法的な婚姻関係にない人びとの間に生まれた子ども）の便益を損なうことになる。この点でブレイクはファインマンの議論に賛同している（Brake　2012＝2019：253）。

そして最小結婚は，婚姻制度に紐づけられたさまざまな権利や制度を再構成する。現行の婚姻制度には，たとえば法定相続や配偶者控除，病院での面会権，子どもの共同親権，労災の遺族補償など，さまざまな権利がセットになっている。最小結婚の構想は，このセットを分割し，それぞれの権利を異なる人と取り交わすことを可能にするのである。これによって，一対一でないケア関係（ポリアモリーや友人間のネットワークなど）にも法的な支援を拡げることができる。

以上のように，婚姻制度そのものを問題視する議論と，婚姻制度をできるかぎり多様な関係にひらいていこうという議論がなされている。後者の最小結婚論は，婚姻制度そのものが本質的に不正義なのではなく，あくまで婚姻制度は特定の条件のもとで不正義となるのだ，という立場をとっている（Brake 2012＝2019：193）。これ自体は正論かもしれないが，しかし現実の婚姻制度にはさまざまな問題が絡み合うように織り込まれている[7)]。婚姻制度の是非を考える上では，現に存在している制度がどのようなものであるのか，じっくりと考えることが必要だろう。

Practice Problems　練習問題 ▶ 2

恋愛伴侶規範のもとで困難な経験をする可能性があるのはどのような人びとだろうか，考えてみよう。

8　今後に向けて

ここまで述べてきたことは，まずマジョリティを基準とした制度や慣習がいかに性的マイノリティを排除しているのか，という問題である。しかしこの問題は，マジョリティがどのような家族の「型」に縛られているのか，という問題とも表裏一体である。そして繰り返しになるが，こうした問題はジェンダー規範と密接に関わっている。性的マイノリティと家族をめぐる議論は，このような観点からとらえていくことが必要なのである。

一方で，性的マイノリティの家族をめぐる研究には，まだまだ足りない部分が少なくない。たとえば日本の場合，「同性カップル世帯は国勢調査で想定されていない[8)]」（釜野　2022b：4）。またアセクシュアルに関する研究は日本では始まったばかりであるほか，アセクシュアルと家族に関する研究もまだほとんどない状況である。さらにいえば，この章で扱えなかった性的マイノリティも存在する（松浦　2023）。今後のさらなる研究を通して，多様な人びとの実情を明らかにするとともに，家族をめぐるよりよい社会のあり方を今後も考え続けていかなければならない。

注

1）トランスジェンダーの内，出生時に女性を割り当てられたが性自認が男性である人を「トランス男性」，出生時に男性を割り当てられたが性自認が女性である人を「トランス女性」という。
2）このほかにも，セクシュアリティをめぐる規範性（normativity）として，対物性愛研究からは**人間性愛規範**（humanonormativity）という概念が提示されているほか，日本でもフィクトセクシュアル（虚構性愛）の観点から**対人性愛中心主義**という概念が提起されている（松浦　2023）。
3）里親であれば同性カップルでも可能だが，里親の場合は法的な親子関係になるわけではない。また国内では代理出産の利用が実質的に不可能であるほか，代理出産契約が可能な国のサービスを利用した場合も，法的な親子関係が認定されるかが定かではない（杉浦　2016：173）。代理出産については本書の第5章も参照。
4）このほか，レズビアンとトランス女性のカップルの子育ての事例から，異性愛規範や性別役割分業の規範が性的マイノリティの家族に困難をもたらすという指摘がなされている（三部　2017：193-197）。
5）不妊化要件については，2023年10月25日に最高裁判所で違憲と判断されている。
6）ファインマンについては本書第1章も参照。
7）たとえば，「結婚制度を根拠として経済システムのジェンダー構造は構築されており，また経済システムのジェンダー構造によって結婚制度は形作られている」（菊地　2022：151）という問題が，同性婚の制度化では解消されずにむしろ隠蔽されるのではないかという批判がある。また日本では婚姻制度が戸籍制度と結びついており，その点で家父長制や差別を温存するものであるという批判が，同性婚をめぐる議論でも注視されている（堀江　2015：248）。
8）広告代理店の調査をもとに「13人に1人はLGBT」だといわれることがあるが，この調査は日本の全人口を母集団とする設計にはなっていない（石田　2019：226-233）。なお性的マイノリティについて調査する上での注意点については，石田（2019：223-245）が分かりやすくまとまっている。

参考文献

有田啓子，2022，「アメリカにおけるLGBペアレントとその子をめぐる文献研究―論点整理へのアプローチとして―」『理論と動態』15：67-83

As Loop，2023，「アロマンティック／アセクシュアル・スペクトラム調査2022単純集計結果報告書」（2023年8月19日取得，https://asloop.jimdofree.com/aro-ace%E8%AA%BF%E6%9F%BB/%E8%AA%BF%E6%9F%BB%E7%B5%90%E6%9E%9C/2022%E5%B9%B4%E5%BA%A6/）

Brake, E., 2012, *Minimizing Marriage: Marriage, Morality and the Law*, Oxford: Oxford University Press.（＝2019，久保田裕之監訳『最小の結婚―結婚をめぐる法と道徳―』白澤社）

趙瑩瑩，2022，「トランスジェンダーであるパートナーにカミングアウトされた女性たちの経験―日本における既存の家族像への挑戦―」『年報人間科学』43：73-88

堀江有里，2015，『レズビアン・アイデンティティーズ』洛北出版

石田仁，2019，『はじめて学ぶLGBT―基礎からトレンドまで―』ナツメ社

石井由香里，2018，『トランスジェンダーと現代社会―多様化する性とあいまいな自己像をもつ人たちの生活世界―』明石書店

釜野さおり，2008，「レズビアン家族とゲイ家族から『従来の家族』を問う可能性を探る」『家族社会学研究』20(1)：16-27

――，2022a，「若年層の性的マイノリティに対する抵抗感―社会的属性・意識・経験との関連に着目して―」林雄亮・石川由香里・加藤秀一編『若者の性の現在地―青少年の性行動全国調査と複合的アプローチから考える―』勁草書房：89-115

――，2022b，「国勢調査と同性カップル世帯―排除と可視化のはざまで―」菊地夏野・堀江有里・飯野由里子編『クィア・スタディーズをひらく2―結婚，家族，労働―』晃洋書房：1-35

Kamano, S., 2009, "Housework and lesbian couples in Japan: Division, negotiation and interpretation," *Women's Studies International Forum*, 32: 130-141.

釜野さおり・石田仁・風間孝・吉仲崇・川口和也，2016，「性的マイノリティについての意識―2015年全国調査報告書―」（2023年8月19日取得，https://alpha.shudo-u.ac.jp/~kawaguch/chousa2015.pdf）

神谷悠介，2017，『ゲイカップルのワークライフバランス―男性同性愛者のパートナー関係・親密性・生活―』新曜社

菊地夏野，2022，「結婚制度の政治性と同性婚―同性婚によって正当化される結婚制度―」菊地夏野・堀江有里・飯野由里子編『クィア・スタディーズをひらく2―結婚，家族，労働―』晃洋書房：139-166

松浦優，2023，「対人性愛中心主義批判の射程に関する検討―フェミニズム・クィアスタディーズにおける対物性愛研究を踏まえて―」『人間科学共生社会学』12：21-38

元山琴菜，2014，「『カミングアウトされた家族』から〈非異性愛者をもつ家族〉に

なることとは—『家族崩壊』に対応する母親役割に着目して—」『家族社会学研究』26(2)：114-126
牟田和恵・岡野八代・丸山里美，2021，『女性たちで子を産み育てるということ—精子提供による家族づくり—』白澤社
三部倫子，2014，『カムアウトする親子—同性愛と家族の社会学—』御茶の水書房
——，2017，「セクシュアル・マイノリティにとっての子育て」永田夏来・松木洋人編『入門 家族社会学』新泉社：181-198
志田哲之，2009，「同性婚批判」関修・志田哲之編『挑発するセクシュアリティ—法・社会・思想へのアプローチ—』新泉社
島袋海理，2022，「若年同性愛者のライフスタイル展望に関する社会学的研究—〈異性との法律婚〉の制度化＝標準化のなかで—」『理論と動態』15：49-66
周司あきら・高井ゆと里，2023，『トランスジェンダー入門』集英社
杉浦郁子，2013，「『性同一性障害』概念は親子関係にどんな経験をもたらすか—性別違和感をめぐる経験の多様化と概念の変容に注目して—」『家族社会学研究』25(2)：148-160
——，2016，「女性カップルの子育て願望への反発に見る排除のかたち—『子どもがかわいそう』をめぐるポリティクス—」好井裕明編『排除と差別の社会学 新版』有斐閣：167-188
杉浦郁子・野宮亜紀・大江千束編，2016，『パートナーシップ・生活と制度 増補改訂版』緑風出版
武内今日子，2021，「『X ジェンダーであること』の自己呈示—親とパートナーへのカミングアウトをめぐる語りから—」『ジェンダー研究』24：95-112
Tessler, H., 2023, “Aromanticism, asexuality, and relationship (non-) formation: How a-spec singles challenge romantic norms and reimagine family life”, *Sexualities* (Retrieved January 16, 2024, https://doi.org/10.1177/13634607231197061)

自習のための文献案内

① 森山至貴，2018，『LGBT を読み解く—クィア・スタディーズ入門—』筑摩書房
② 周司あきら・高井ゆと里，2023，『トランスジェンダー入門』集英社
③ 杉浦郁子・野宮亜紀・大江千束編，2016，『パートナーシップ・生活と制度 増補改訂版』緑風出版
④ 植村恒一郎・横田祐美子・深海菊絵・岡野八代・志田哲之・阪井裕一郎・久保田裕之，2022，『結婚の自由—「最小結婚」から考える—』白澤社
⑤ 菊地夏野・堀江有里・飯野由里子編『クィア・スタディーズをひらく』（全3巻）晃洋書房
⑥ A. チェン著，羽生有希訳，2023，『ACE—アセクシュアルから見たセックスと社会のこと—』左右社

新書で読める入門書として①と②が挙げられる。①はクィア・スタディーズの歴史や重要概念の概説がコンパクトにまとまっており，②はトランスジェンダーについて議論するための基本的な情報がわかりやすく紹介されている。③は婚姻制度やパートナーシップ制度などの実情が紹介されている。④はブレイク『最小の結婚』をふまえた論集で，『最小の結婚』の入門としても読める。⑤は日本語でのクィア・スタディーズの成果をまとめた論集で，2巻が家族を主題としている。最後に⑥はアセクシュアルに関するルポエッセイで，学術的な議論もふまえつつ，多様なアセクシュアルの人びとに取材してあり，インターセクショナリティの論点もカバーしている。

第7章

震災による移動・移住を経験する家族

速水　聖子

1 「大切なもの」でもあり「犯罪の現場」ともなる家族

わたしたちにとって「家族」とはどのような存在だろうか。ここでは，家族に関する２つのデータを紹介しよう。

統計数理研究所によって1958年から５年ごとに継続実施されている「日本人の国民性調査」には「あなたにとって最も大切なもの」を問う設問がある。回答は自由回答であるが，それをカテゴリー化して数値化したものにより年次比較ができる。それによると，1970年代までは「命・健康・自分」「愛情・精神」が上位であるが，1980年代からは「家族」が他項目を引き離して１位を維持しており，1990年代以降は全体の40%にも達している。

一方で，犯罪白書による「殺人の被疑者と被害者の関係別検挙状況」(1980～2021年) をみると被疑者と被害者の関係における親族率（検挙件数に占める被害者が被疑者の親族である事件の比率）の割合は2004年頃から上昇傾向にあり，直近の10年ほどの間も50%前後で推移している。

近年，少子化や未婚率の上昇などの統計的数値により，家族形態において小家族化や単身世帯の増加が明らかである。さらに，離婚・再婚の増加や同性婚の議論の拡がりをふまえると，家族は実態として多様化していることをわたしたちの多くが認識せざるを得ない。上に挙げた２つの調査結果は，家族を「大切なもの」とする人が多い一方で，殺人の約半数は家族を含む親族間で起こるという一見矛盾した事実を示すが，このことは小家族化や世帯の単身化・家族の多様化と無関係であるとはいえないのではないか。すなわち，家族を作るこ

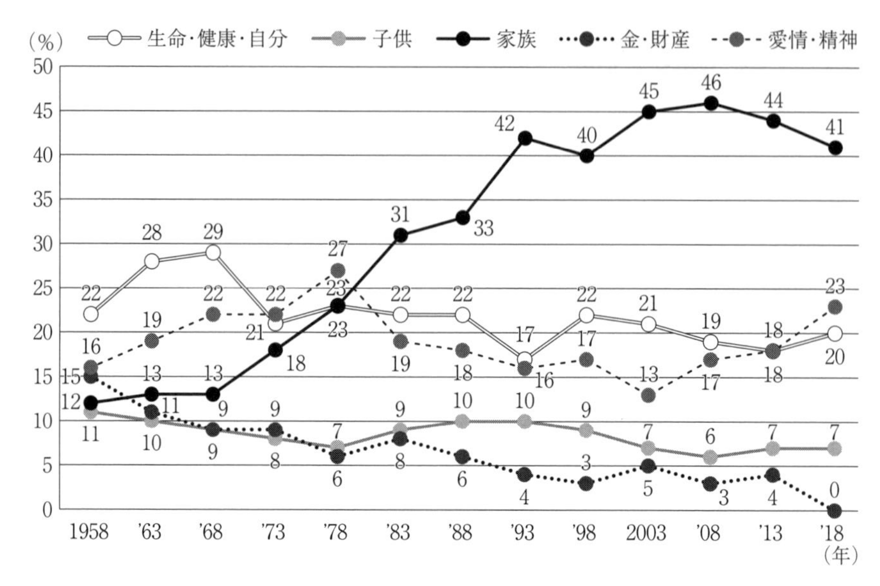

図7-1　あなたにとって最も大切なもの

出典）統計数理研究所「日本人の国民性調査」より作成

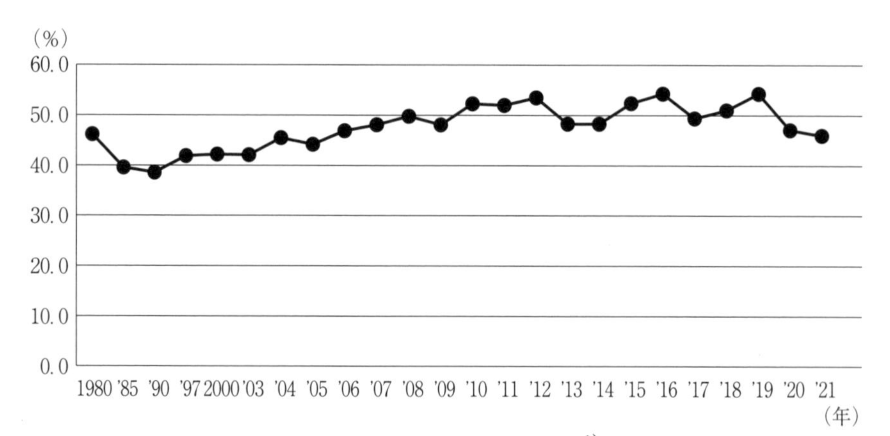

図7-2　殺人事件において被害者が被疑者の親族[1]であるものの割合

出典）法務省『令和4年版犯罪白書』より作成

と・解消することの自由度が高まり，「家族とは何か」が自己に問われる選択性の高いものとなることは，多くの人びとが「あたりまえのもの」として共有してきた家族のイメージを個々に異なるものへ変化させる側面をもつ。個人がもつ家族イメージの多様化は，これまで家庭内において家族が個人に果たしてきた（期待されてきた）役割を機能不全に陥らせることにもつながる側面をもつといえるだろう。このように，家族像の**個人化**・多様化と個人が期待する家族の役割の齟齬をめぐって，相反する家族の実相が２つのデータに顕れているともいえる[2)]。

このような中にあって，現代社会を生きるわたしたちの生活における家族の役割や機能はどのようなものだろうか。本章では，**東日本大震災**における被災と避難をめぐる家族経験を通して考察してみたい。いうまでもなく，災害はそれまでの日常生活を大きく変化させ，危機をもたらすものであるが，そのような緊急時のリスクに対して，家族はどう対処し得たのか，事例を通して検討していくことにしよう。

2 personal/impersonalなものとしての家族

私たちの日常生活において家族は非常にプライベートなものであり，個別の家族についてすべての人が何かしらの思いを語ることができるだろう。つまり，家族は個人にとって個別的（personal）な意味をもつ存在という一面をもっている。一方で，研究対象としての家族は，個人と社会をつなぐ「中間集団」として，その定義や役割が議論されてきた。伝統的には，家族は社会の維持・存続のために必要な機能をもつ制度的集団として客観的（impersonal）に概念定義されていたといえよう。

このように，①個別の意味をもつ存在としての家族，②社会にとって定義される役割をもつ家族という家族の２つの側面は，家族形態と家族規範の変容とともにズレを抱えるものとなり，とくに高度経済成長期以降の家族社会学における大きな論点となってきた。すなわち，個人にとって望ましく思われる家族と，社会にとってあるべき家族が一致しないという矛盾を生じるものとなったのである。一方では，伝統的な「いえ」としての家族からの束縛や個が犠牲になることに対して個人の自由・自立といった問題が議論され，同時に高齢化や少子化が進行する現実を前に，社会の維持や再生産における家族の重要性を指摘する声も高まった。家族に関する現実と理念をめぐって，家族は「集団」なのか「制度」なのかが問われるようになった。家族に関わる実際の統計や意識調査においても，高度経済成長期以降の**核家族化**・単身世帯の増加と伝統的な家族規範の希薄化は明らかであり，家族の変容・多様化と家族機能の弱化は同時進行していると解釈されるに至る。

ところで，日本における家族の多様化は家族の個人化と合わせて1980年代から議論されるようになった。当初，家族の個人化論は個人の自律性の確立という視点から，個人を単位とする家族の多様性と個別性を肯定的にとらえるものであった（目黒　1987；落合　1995）。一方で，このように個人の自由を前提とする「あるべき家族」論として個人化を理解する第1の個人化に対して，**山田昌弘**は近年の第2の個人化を「家族の本質的個人化」として区別して論じている（山田　2004：342-347）。山田は**U. ベック**や**Z. バウマン**らの議論をふまえて，「本質的個人化」とは家族関係自体を選択したり解消したりする可能性が増大するプロセスであるとし，これによって家族の不安定化や階層化を招くことに言及する（山田　2004：349-351）。離婚経験が「バツイチ」等のカジュアルな呼称で表現され，婚姻関係は個人の選択性が強まることにより，家族は安定的な連帯とはなりにくい。また，経済状況の悪化による雇用の不安定化は，結婚の有無や貧困の世代間連鎖といった家族問題の不平等・階層化にもつながるのである。家族の「本質的個人化」論は，近年の子どもの貧困をめぐる階層の再生産や社会的孤立の議論と呼応する形で，リスクの視点から格差社会の課題として議論が深められている[3)]。

Practice Problems 練習問題 ▶1

個人にとって望ましい家族と，社会にとってあるべき家族のずれが社会的問題となる具体的な事例を考えてみよう。

3 個人化社会のリスクに対する現代家族の役割

今日，家族は個人のライフスタイルとして，その維持・解消も選択可能なものとなるにしたがい，現在の家族社会学においては「集団」としての家族的な親しい関係性（親密性）や家族の機能に関わる新たな視点を見い出そうとする議論が活発である。議論の文脈は，上述したような個人化のリスクに対して，「家族的」役割の補完や家族に代わる支援主体の可能性を問うものといえる。これまで，高齢者介護や子育てを含めたケア役割を家族の当然の責任とみなすことが家族に過剰な負担を強いて日本における福祉の「家族主義」を温存してきたことは事実である。しかし，疾病や災害等の緊急対応的な生活リスクに対して，すべてを社会的制度や家族を代替するもので対処するというのは現実的とはいえないだろう[4)]。多くの人びとにとって現状では家族がリスクの緩衝材や安全弁となっていることは，まぎれもない事実であり，その意味で**森岡清美**が定義したように現在も家族は「第一次的な福祉追及の集団」であるといえるだろう（森岡　1972：5）。

確かに，山田が指摘する第1の個人化から第2の個人化を経て，リスクに対する家族による福祉的機能を考察するにあたり，課題も指摘できる。とくに，2000年代以降の経済的不況やさらなる少子高齢化が進行する中で，セーフティネットとなり得る資源としての家族をもつことができるかどうかが個人にとって不平等や格差問題となるという点である。

そもそも現在の社会保障制度自体が世帯を単位とした設計になっていることや，それに基づく従来の日本型福祉社会論による家族の福祉役割への過剰な期待に無理が生じているという指摘は妥当なものである。しかし，脆弱な立場にある高齢者や子どもなどの親子関係の解消は困難であり，簡単に取り換え可能なものとならないのみならず，彼らに家族からの完全な自立を強いるのも無理がある。したがって，家族（殊に親子関係において）に一定の福祉的ケア役割が求められる面は現代においても存在するといえよう。ただし，一方で家族が私的閉鎖性を強めてしまうと家族そのものの孤立を招き，家族員にとってリスクともなり得る。たとえば虐待・ケアの放棄や家族内の暴力・犯罪などの事例において背景に孤立した家族像が指摘されることは多々あり，ここで犠牲となるのは弱い立場である高齢者や子どもであるケースも多い。

家族の**個人化**に関わる議論は，「家族とは何か」という定義論を超えて，実態としての家族の多様性をふまえて，個人には自律・自由の権利を担保した形での家族を選択でき得ることと，いざという時の個人の生活リスクへの家族（あるいは家族的関係）の福祉的役割をどのように両立できるかを問い直すことにつながるのではないだろうか。ここでの福祉的役割とは，人は誰しも生きる上で他者によるケアや支援を必要とすることを前提とする家族（あるいは家族的関係）の共同性という側面から理解されるものといえよう。その意味で，本章は生活リスクとしての災害との関わりにおける家族の維持・再編のありようを家族の共同性の現実的な姿としてとらえようとするものである。

4 家族戦略と災害下の避難・移動

ここでは災害下での避難・移動生活における家族の共同性を検討する補助線として「**家族戦略**」概念に簡単に触れておきたい。

家族戦略とは，**田渕六郎**によれば「家族を単位として行われ，家族の社会的地位と社会構造を再生産しつつ行われる適応的行動を指す分析概念」とされる（田渕　2012：38）。その視点の特徴は，家族行動は，家族成員が規範・ルールに受動的に従う存在としてだけでなく，構造的な資源の制約の中で家族の利益（経済的また象徴的）を高める能動的な実践を行った結果とすることにおかれている（田渕　2012：39）。つまり，個人主体による選択はどのように家族の戦略として作用するのか，それはどのような構造的条件で作用するのか，に注目する概念であるといえる。

家族戦略論に対しては，そもそも個人主体による選択と家族の戦略は常に一致するといえるのか，家族の利益は「すべての家族成員の利益」とは限らないのではないかといった根本的な批判を含め，いくつかの問題点が指摘されている（神原　2014：45-48）。確かに，「利益」とは誰にとっての，またどの時点でのどのくらいの利益なのか，という点を明確にすることは難しい。しかし，各個人が生活上のリスクをどのように判断し，それに対して家族はどのような条件のもとで福祉的機能を果たし得るか，という観点からみれば，困難な状況に対応する家族行動の主体性を理解する枠組みとして家族戦略の考え方は参考にできるように思われる。さらに，本章での事例は東日本大震災による原発事故に端を発する生活リスクであり，各家族の避難・移動生活は強いられた（たとえ自主避難であっても）ものであることから，ここでの家族行動を「主体性」ととらえることへの異論もあるだろう。それでもなお，震災から10年以上を経る現在，個人はどのように生活を立て直していったか，その過程において困難な条件下で家族は周囲のサポートや手持ちの資源をどのように選択したり活用したりしてきたのか，不合理や限られた選択をも含む家族の共同性をとらえる意義はあると思われる。このような観点により，東日本大震災という大きなリスクに対しての家族戦略は「個人戦略」とどのように関わったのか，結果として生活のリスクにおける家族の役割について，実際の事例からみていくことができるといえよう。

5　東日本大震災による避難・移動生活と家族

2011年の**東日本大震災**による被災地からの避難者は2014年までは約30万人に達し，復興庁による集計では12年を経た現在も約3万人を数える。被災3県ではインフラ整備を中心に復興事業の進展と災害公営住宅等への被災者の入居も進んだが，原発事故の影響が大きい福島県では未だ帰還困難区域が残る浜通り地域を中心に広域避難者が全国で生活しており，2023年8月の集計では福島県民における県外避難者は20,704人となっている[5)]。

東日本大震災は歴史に残る未曽有の大災害であるが，中でも多くの被災者が広域避難を強いられたことはこれまでの災害史上ではじめてといえるだろう。これらの広域避難者の問題については，社会学において多くの実証研究が蓄積されており，各地の避難者の生活課題の現状と生活再建への社会的課題を明らかにするものとなっている（山下・開沼　2012；松井　2017, 2021；西城戸・原田　2019）。

とくに原発事故に見舞われた福島県からの避難者の場合，子どもや若年者への被ばくによる影響を考えての母子による避難世帯も多く，仕事で福島を離れることができない父親や同居家族との世帯分離による生活困難や場合によっては家族離散・離反（離婚等も含む）に至る例も取り上げられている。とりわけ指摘されるのは，自ら望まない避難を母子のみで行うことによる避難生活の困難やストレス状況などの問題である（関・廣本　2014；成・松谷・阪口・牛島　2015）。

さらに，避難を決定するにあたって，放射能・放射線の被ばくリスクをめぐる家族の中での意見の相違や葛藤も大きく，もともと東北地域は同居率が高く伝統的家族規範が強いこともリスクをめぐる軋轢の背景にはある。高橋征仁は福島県からの県外避難者について近県（山形県）避難と遠隔地（沖縄県）避難を比較する調査研究において，避難の有無・避難先の決定において生活構造上のデメリットが少ないと判断できる条件があるかどうかが影響していると述べる（高橋　2015：5-13）。つまり，自らの仕事や子どもの学校関係の他，自分や配偶者の親・きょうだいなどの家族関係が福島県を中心に累積している場合には，避難に対する葛藤も大きなものとなる。

震災による広域避難におけるひとつの大きな課題は，避難の決定をめぐる個人や世代間での認識の相違が，被災者間の関係性に影響を与えたことであろう。既述したように，放射能の安全性をどのように考えるのかが，家族内での避難の是非の判断や避難者・被災者どうしの分断を招く結果となった例も少なくない。さらには，原発事故補償をめぐる賠償金の問題もその分断を大きくするものであったことも指摘できよう。今井照らによる10年に及ぶ避難者実態調査では，避難者の住まいの変化と避難生活の不安，家族分離の状況や帰還に対する複雑な心境がアンケート調査の結果とインタビューの内容を含めて詳細に綴られている（今井他　2021）[6)]。年数を経るに従い，個々人の生活課題も多様化し，避難生活の葛藤を抱えつつ現在の生活を送っている姿が理解できる。「仕方がない」「気力を失っている」という思いだけではなく，「頑張ろうと思う」といった意見の背景に，家族の存在（子どものため，将来のため）を挙げるものもある。

広域避難に関する事例研究の多くで，避難者の生活再建のための法的制度的な支援の不足と支援の継続の必要性が指摘されている。とくに，経済的補償をはじめとする支援制度が住民票を基本とする世帯単位となっていることの硬直性の問題は大きな議論になった[7)]。合わせて，経済的補償だけに注目するのではなく，「復興」や生活・ふるさとの「再生」をどのようなものとして考えるかといった議論が先行研究において提起されている（除本　2016）。個人とふるさと・地域社会をつなぐ存在である家族は，避難生活におけるさまざまな葛藤の大きな要因となったことが先行研究において明らかである。

6 避難の長期化と生活パターンの変化

震災による**広域避難**において，避難自体の決定・避難先の決定やその後の移住・帰還等の決定は，当然であるが個々人のさまざまな状況によって異なる。生活を維持するための仕事を含む経済的問題はもちろん大きな要因であるが，個人の生活構造における家族・血縁関係や友人関係の位置づけはさらに大きなものとして個別多様に避難生活に影響を及ぼすものであることは先行研究からも指摘できよう。さらに，震災後12年を経ようとする中で，被災者・避難者の生活・世帯のありようも移動状況とともに変わらざるを得ない状況もある。すなわち，自身や親の加齢，子どもの成長などのライフステージの変化によって生活環境や生活上の課題も変容する。

ここでは，東日本大震災後に広島県に避難した当事者が立ち上げた「ひろしま避難者の会アスチカ」が2014年から実施している会員アンケートの内容から避難生活をめぐる環境・意識の変容について参照してみたい[8)]。まず，避難の理由は「原発事故による健康影響」8割「原発事故悪化への不安」5割であり，広島への避難は「家族・親族がいる」が5割を占める他，「被災地から遠い」「西の食材が手に入りやすい」も2～3割で続いている。今後の予定（移住か帰還か）については，「今の避難先に定住」「決めていない」が例年3-4割ずつであるが，2018年ごろからは「定住」の理由に「子どもの環境を変えたくない」「子どもの進学先と自分の仕事がある」「子どもは広島がふるさとになっている」といった意見，「決めていない」「いずれ帰還」の理由には「母が一人ぐらしで夫の仕事も避難元なのでいずれは帰還」「老後は福島に帰りたいが」「長男なので家や墓を守らないといけない（いずれ帰還）」など，それぞれの理由にも変化がみられる。生活上の悩みや不安についての質問では，当初5年ほどは生活費や仕事といった経済的課題を挙げる割合も3～5割で推移していたが，2018年ごろからは子どもの教育や進路，避難元の親族や友人との関係，避難元の親の老後や介護への心配などの割合が増えている。また，震災後10年となる2022年からは子どもと避難生活についてどのような話をしているか，についての質問が加えられており，回答には「転校を強いたことで子どもに寂しい思いをさせた」「友達関係を含め子どもの環境が激変したことで大変だったと思う」「自分の健康を優先して親が移住を決めたことを理解していると思う」「広島に来てよかったと言ってくれたことが一番嬉しかった」など，避難・移住が子どもにもたらす影響を気にかけてきた親の葛藤がうかがえる。

遠方避難の場合，家族親戚等の血縁・姻戚が当該地域にいたから避難先として選択したというケースの他，放射能を避けてできるだけ遠くで生活したいというケースもあり，後者の場合は関東地方からの避難を含む自主避難も多い。放射能のリスクに関してはとくに若年層への影響が不安視され，母子での避難も多く，避難先で子育てを行ってきた親たちにとって，避難生活の長期化の中で子どもの成長を見守りつつ，避難・移住という親の選択が子どもにとってよかったのかどうか，悩み続けてきた実態が理解されよう。

田並は災害復興に関わる研究において，被災者の復興（生活再建）を考える際に「医（心身の健康），職（仕事），習（子どもの教育），住（住宅）」の4つの要件が欠かせないことを指摘し，とくに広域避難の場合には，被災地に戻ってもこれらが得られない場合は避難先での定着要因になることに言及している（田並　2013：15-17）。東日本大震災では原発事故による避難者が多く，とくに健康と子どもの教育は避難生活の長期化や移住の要因として大きく作用したといえる。さらには，長きにわたる避難生活の上で災害からの「避難者ならではの生活ニーズ」というよりも，時間の経過とともにライフステージ上の課題と向き合わざるを得ない。具体的には，アスチカのアンケート調査回答にあるように，避難元に残した親の扶養の問題や避難先での子どもの進路・自立にともなう問題等である。すなわち，個別の家族の状況に応じて，今後の避難生活から帰還するかまたは移住するのかといった選択肢が決定されることとなるのである。

資料7-1～7-4として福島県から広島県への避難生活を経た事例を示そう。①福島への帰還（Aさん）②福島への帰還（Bさん）③福島県との二拠点生活（Cさん）④広島への定住（Dさん）の4事例から，移動パターンにおける世帯や家族の状況と役割を理解することができよう。

資料7-1　福島・浪江町→広島・東広島市→福島・浪江町　　Aさん（女性　60歳代）[9)]

Aさんは震災時，福島県浪江町にAさん夫婦と義母，長男家族，次男の8人で生活していた。早期退職後に農業を始めていた夫と民生委員をしており，義母とともに被災した近隣の一人ぐらし高齢者2名の引き取り先の家族をさがして福島県内や新潟など避難場所を9か所ほど回ったという。3/21に娘家族がくらす広島へ長男家族と避難，すぐ夫婦で市営住宅へ入居した。広島に避難した当初は福島に戻れるのかと不安に思う日も続き，夫は体調を崩したこともあったという。その後，東広島市の知り合いを通じて農業の手伝いを始め，2011年秋には転居して2haほどの耕作放棄地を借り，米や野菜・花卉などの栽培を始めた。さらに，東広島市の8世帯ほどで有機農業グループを作り，地域の行事や活動にも夫婦で積極的に参加したことで，広島での生活に必要なことを教えてもらうことも多く，地域住民とも親しくなったという。3年後にはJAにも参加し，農産物販売も行うようになった。

浪江町の自宅があった地区は帰宅困難地域となっていたが，Aさん夫婦は当初から「5年後には故郷である福島に帰ろう」と心に決めていた。原発避難による賠償金は出ていたが，Aさん夫婦は「あぶく銭」だと語り，それに頼らないように自前で働きながら生活を維持するように努力してきたという。広島には娘家族が生活しており，長男家族も家を建てて移住することになったが，A さん夫婦は A さんの故郷である南相馬市の災害公営住宅に 2017 年に戻った。広島の農地は就農グループの仲間に譲り，現在も近況を伝え，野菜等を送りあう他，広島の家族に会いに行く際には面会するなどの交流が続いている。浪江町では除染を進めて復興拠点（特定復興再生拠点地域）が作られ，2021 年には A さんのビニールハウスの畑も花卉栽培ができるようになり，解体した自宅も再建することができた。2023 年から 12 年ぶりに自宅での生活が始まっている。

広島での避難生活は，つらいことも多くあったが，夫婦で地域の活動やボランティアにも積極的に参加し，知り合いも増えることによってたくさんの人に助けられたと A さんは語る。また，原発事故によって賠償・補償が被災者・避難者にとって大きな争点となっているが，誰かのせいというだけではなく，どのような状況においても自分が自立していくことを考えることが大事だ，というのが A さん夫婦の持論であり，避難先でも自分で働いて生活の維持に努め「福島県人として恥ずかしくない生き方をしてきたと自負がある」という言葉は印象的であった。夫が現役の時から転勤で福島県内等移動した生活経験があり，それが自分たち夫婦をはじめ，子どもたちを含む家族に順応性を身に着けさせたのではないかと A さんは語る。

資料7-2　福島・郡山市→広島市→福島・郡山市，いわき市　　B さん(女性　40歳代)[10)]

B さんは震災時，夫と子ども 3 人（長男・小 1，次男・幼児，長女・乳児）と共に郡山市に在住，本人は第 4 子を妊娠中であった。広島は夫の地元であり，義母と義妹が居住していた。義母が「広島に来ればなんとかなるから，いつでもおいで」と毎日連絡をくれたこともあり，3/19 に夫の実家がある広島へ母子で避難した。出産は広島ですることに決めて，南相馬市から郡山に避難していた実母も広島に同行した。当初，義妹のワンルームマンションを借りて子どもと実母と滞在したが，実母に罹災証明があり広島で市営住宅団地に入ることができたため，そこで同居することになった。実母は B さんが出産後の 2011 年秋には南相馬に帰還し，2012 年 4 月から長男は広島市の小学校に 2 年時から転校，他のきょうだい 3 人も保育所に通うこととなった。

B さんは，小学校でも福島からの避難者であることもオープンに話していたが，子どもは普通の転校生のように扱われ，いじめや嫌な思いをすることはなかったという。広島は被爆地であり，平和学習を通じて放射能に対する理解があるのではないかと B さんは語る。小学生の長男をはじめ，子どもを通して知り合ったママ友や団地の近隣住民に助けてもらって広島での避難生活が支えられ，子どもにとってとても良い環境だったと振り返る。この間，夫は月 1 回のペースで福島から広島に通い，夫の交通費や二重生活の生活費等は東電に賠償金として申請することで部分的に賄われた。当初，夫は 3 年ほどで福島へ戻ってほしいと思っていたが，子どもの就学のタイミングを考慮し，B さんと子どもは長男の中学進学と長女の小学校就学に合わせて郡山に帰還した。子どもたちは郡山での生活に慣れるまでがかえって大変なほどで，広島での避難生活は周りに支えられて楽しく生活できたと B さんは振り返る。もちろん避難した当日の 3/19 は「なぜ震災が起きたのか」「なぜ広島に来なければならないのか」と絶望感に襲われたが，次の日からは日々の生活が忙しく，考える余裕もなくなっていったことに加え，近隣・ママ友や家族・親戚の支えによってすぐに立ち直ったという。

福島に帰還後，当初は放射線量について不安もあり，心配したが，福島の生鮮品の検査情報や学校給食の検査体制について知ることで信頼して生活をできているという。元々仲の良かった友達には避難をしなかった人もいるが，避難生活の間も連絡は取り続けており，帰還の際にも戻ってくることを喜んでくれており，Bさん自身は避難に対する批判や妬み等を言われたことはない。また，時間とともに放射線を気にしてばかりの生活もできないと語る。

2019年からは実父の自営業を南相馬からいわき市に移し，夫が転職してそれを手伝うことになり，一家でいわき市に転居した。Bさん一家は震災を経て広島→郡山→いわきと夫との別居も経験しながら移動を繰り返したが，広島で出会ったママ友とも継続して子どもの近況等を伝えあい，家族のように付き合ってきたという。Bさん自身の友人も増えたが，子どもたちも広島・郡山・いわきで友達を作り，それに支えられて生活できていることに感謝していると語った。

資料7-3　福島・いわき市⇔広島市　　Cさん（女性　40歳代）[11)]

3/11の震災当時，Cさんは夫と子ども3人姉妹（小6，小4，年少）と共にいわき市に在住，夫は義父の代からの自営業で，Cさんもそれを手伝っていた。3/12からガソリンや食料がいわき市に入ってこなくなるとともに，原発事故による屋内退避が発令される中で，夫は子どもへの放射能の影響を案じて避難させることを提案し，15日に子どものみCさんの実母が住む広島へ向かうこととなった。その後，Cさん夫妻も広島に向かうが，いわき市の学校もいつ再開できるかわからない状況となり，3/20には子どもたちの幼稚園・小学校を新年度から広島に移すことを決めた。一方で，Cさん自身は夫と自営の会社を支えることを当初から決め，子どもと広島で避難生活を送るのではなく，広島といわきをほぼ毎月行き来する生活が始まる。もともと，震災前から会社以外にもいわき市で子育て支援団体を立ち上げて活動を行っており，それを継続するためでもあった。

子どもを広島で生活させることは夫の意思を尊重した結果であって自分の意思ではなかったとCさんは語り，その上で「福島への帰還は子どもたち自身が決める」「子どもが望むことはどこであっても叶える」ことを夫婦の決め事としたという。2011年8月からは広島の実家近くにアパートを借りて住まいとするとともに，Cさんは次女の小学校の先生の紹介で近所の保育園の事務をひと月おきに勤めることになった。広島は震災からの母子避難が多く，広島市社会福祉協議会による避難者交流会に参加する中で，2012年秋には避難当事者の会が立ち上がり，その代表をCさんが担うことになった。Cさんは「自分には避難者という当事者意識はあまりない」と語るが，震災を契機にした避難・移動経験を共有する人びととつながり，相互支援の場ができたことは居場所ができたように感じたという。

進学のタイミングにおいて，いわきに帰還するか否かはCさんの子どもたちにとって岐路となってきた。次女は高校受験に際して，また三女は中学進学に際していわきに戻って父親と共に生活するかどうかを考えたが，交友関係や自分の希望に沿って広島での生活を選択した。この間，Cさんは離れてくらす夫や義父母との家族のコミュニケーションを大事にしつつ，折に触れて子どももいわきを訪れる生活が続いている。Cさんは広島の生活は子どもにとって本当にためになったのか，といつも考え迷いながらの日々であったと語るが，大学生になった次女は10年を振り返って震災がきっかけとなってたくさんの人びとと関わり，多くの経験を積むことができたと回想し，いわきと広島をつないで生活してきた両親への感謝を口にした。

Cさんが代表を務める広島の避難者支援団体は交流会を通じて知り合った当事者の仲間と協力して運営され，同様にいわきの子育て支援団体も震災前からの仲間が活動を支えている。Cさんの二拠点生活は10年に及ぶが，この間に避難者支援団体は福島県県外避難者支援拠点の指定を受け，子育て支援団体もいわき市の事業委託等を任されている。

資料7-4　福島・いわき市→広島市　　Dさん（女性　50歳代[12]）

Dさんは震災時，地元であるいわき市でシングルマザーとして2人の子ども（中2，小5）とくらしていた。小学校に子どもを迎えに行く車中で地震に遭遇，3/11の夜にはガスと水が止まり，電気のみ通じていたという。翌日，家族や親せき・友人の無事が確認できたが，学校はいつ再開できるかもわからず，とりあえず子どもを連れて職場（食堂）に行き，残された食材で炊き出し等を行ったという。2011年4月から学校は通常通り再開したが，除染もなかなか始まらず，長袖にマスク姿で学校まで送迎する日々が続き，原発事故の子どもへの影響を考え始め，秋くらいから一時避難することを真剣に考え始めた。

Dさんにとって，広島は訪れたこともなく縁もゆかりもない土地であったが，いわきで知り合った友人（現在の夫）が広島出身で避難を進めてくれたことから子どもと話し合って避難を決めた。子どもとは放射能のことや将来の学校のことなどを含めメリットやデメリットについて話し合い，自分で決めてほしいと伝えたという。2011年の4月に中学3年と小学6年となった子どもたちが「地元であるいわきで卒業したい」と希望したため，次年度の避難へ向けて子どもの受験や学校について1年かけて準備や計画をした。広島への避難のきっかけとなった現在の夫も，広島での家探しや自らの異動について職場と掛け合うなど協力してくれた。広島の家を決め，通うことが決まった広島市の中学校の先生が福島の教育委員会等へ連絡をしてくれる等，丁寧に対応をしてくれたという。

慣れない土地である広島で働きながらの生活は孤独を感じることもあり，Dさん自身が体調を崩すこともあった。子どもたちの様子についても，学校生活に慣れていけるか気に掛けることもあったが，現在は無事に大学まで進学させることができてよかったと語る。Cさんが代表となった避難当事者団体のことは転居にともなう手続きで訪れた広島県庁で耳にし，団体からの会報に掲載されていたスタッフ募集の記事に応募したことがDさんの当事者の会への参加のきっかけであった。2014年の秋から会のスタッフとして働き，現在はDさんが多くの事務作業を担う形となっている。

Dさんは住民票を広島へ移し，移住した形となっているが，被災地であるふるさととの縁がなくなったわけではなく，いわき市には折に触れて帰省し，両親・家族や友人と交流している。震災に伴う移住について，貯金を切り崩し保険も解約する等，覚悟をしてきたとＤさんは語り，それでも現在は仕事があり「生活はなんとかなる」と思いながら過ごしてきたという。広島での生活も 10 年以上となるが，震災を経験した側にとっての災害後の生活はそれぞれに個別であり，人によって時間の流れや過ごし方も異なるため，被災者・避難者というカテゴリーで一様に語ることはできないとＤさんは語る。

Practice Problems　練習問題 ▶ 2

自分の住んでいる自治体（都道府県・市区町村）を対象に東日本大震災における避難者数や避難者支援の具体的な事例を調べてみよう。

7　避難生活の長期化と家族のレジリエンス

東日本大震災から 10 年以上が経過した現在，避難を経験した被災者の生活の変化にもいくつかのパターンがあることを資料の事例から示される。生活地の移動の選択において，とくに家族のその時々の状況が大きな影響力をもつことがわかる。紹介した事例は 40 ～ 60 歳代の女性を通してみたものであるが，いずれも子どもの成長や親の加齢などの状況の変化により避難元の地域・避難先の地域との関わりも変化していくことが理解できるだろう。また，避難生活が長期化することにともなって，当然ながら個人・家族としてのライフステージも変化するとともに生活課題はかなり個別化かつ多様化していくことも明らかである。さらに，それらの課題は「避難者ゆえ」の生活課題というよりも，その他の多くの家族にとってライフステージ上において共通するもの（親の加齢，子どもの進学や就職等）でもある。すなわち，避難生活が続く中で，状況の変化と個別の手持ち資源に応じて，どのように家族や世帯を維持し，再編してきたのかという観点から今回の事例をみることができるのではないだろうか。さらに，家族戦略の視点からみれば，変化に応じて家族と個人の利益をどのように勘案し，実際にどのようにバランスを取ろうとしてきたのか，ということを事例から理解することができよう。

もちろん，原発事故をともなう大震災の経験は苛烈であり，「震災がなければ」という思いが被災当事者には共通してあることはいうまでもない。しかし一方では，事例にあるように時間の経過にともなう生活の実感として「震災があっても普通に生活する」「震災があったことで選択が広がった」という思いへの変化があることも示される。長い避難生活にあって，さまざまな困難や生活課題に直面しながらも，変化する状況に応じて家族としてできることに努力してきたというような「自負」も事例から読み取れるのである。

現代において，災害を含めて個人に降りかかる危機的状況（リスク）に対して家族という関係性はどのような役割をもつのかという観点からみた時，家族は常に抑圧を被るだけの受動的な存在ではないのではないか。今回の事例を通して，家族という存在は，困難を強いられながらもその後の避難も含めた生活を継続する上で方針や目標となる指針として個人の生活構造を支えるものであること，すなわち「家族のレジリエンス」といった側面を示しているともいえよう。

レジリエンスは国連などが提唱するスローガンとして，近年は社会科学・自然科学を問わず幅広く注目される概念である。思いがけない衝撃やリスクに対して，もともともっている機能を持続させつつ，回復・復元するというような意味である。日本では，とくに東日本大震災以降に災害研究の分野において，災害からの復興過程に焦点をあてた形で地域社会・コミュニティのレジリエンス論が注目されている。ここでは，個人が災害によって被るさまざまな困難に対して，関係性としての家族もレジリエンスの視点からとらえられるのではないか，と考えられる。

また，家族のレジリエンスに注目することは，東日本大震災から被災当事者ではない私たちが何を学び，共有するかということにも深くつながっている。大震災と原発事故がどのような被害をもたらしたのかということをあらためて知ることと同時に，そのような過酷な状況から被災者はどのように自らの生活を立て直そうと努力してきたのかという「主体性」についても災害からの地域の復興と合わせて目が向けられるべきであろう。

8 家族と地域社会の重層性とつながりの再編

一方で，個人の生活構造は家族との関わりのみで成り立つものではない。個の生活を支える家族の再編や維持のための家族戦略において，個人を含む家族をとりまく地域社会における関係性は社会資本となる地域ネットワークとして非常に重要である。家族自体の孤立は，個の生活にもマイナスの作用が大きいからである。事例として紹介したAさんの場合には，積極的に地域活動を通じて人と関わり，築かれた社会関係が避難生活を支えてきたのみならず，帰還後も交流が続くものとなっている。Bさんの例においては，避難先の団地での子育てを通じたママ友をはじめ，近隣関係に支えられた広島での生活は「楽しかった」と回顧される。また，Cさんが代表を務める広島の避難当事者による相互支援団体の活動は，避難先である広島のボランティア・NPO団体と連携した取り組みを重ねており，広島での災害支援や生活困窮者支援等に積極的に参加するものとなっている。

このような事例を通して，前節で指摘した「家族のレジリエンス」の存在も支えるものとしての地域社会のあり方に大きく起因すると解釈できる。大震災で被災し，避難生活を送らざるを得ない状況の中で，個人にとっての家族は生活を立て直していく指針となる役割を果たしてきたとともに，その家族も生活の場としての地域社会の社会関係によって支えられてきたという実情を理解することができよう。

従来，伝統的な日本の農村社会学において，家族と地域社会の関係は「いえ」から「むら」へ接続するものとして自明であった。しかし，産業構造が変化し，生活における職住分離が当たり前となるとともに，**都市的生活様式**の浸透と生活圏のさらなるグローバル化にともない，家族と地域社会の関係性は切り離されたものとなった。家族の**個人化**と，都市化にともなう現代の流動型社会は，さらにその分断を進展させており，この分断が私たちの生活のリスクを高め，不安定化させている側面があることは現代社会の大きな課題である。

本章では，大きなリスクとしての災害との関係で家族を取り上げたが，たとえば子育てや高齢者介護など，ケアをめぐる事例においても文脈は同様である。ケアを家族のみで行うことの限界が明らかである事例が散見される現在，ケアを行う家族を支えるものとしての生活の場である地域社会環境が問われている。家族と地域社会の重層的な関係をどのように再編できるか，その関係性のあり方に，災害を含めたさまざまなリスクに対する個人の生活を守るセーフティネットとしての可能性が求められている。

近年，防災・減災や子育て・高齢者の孤立に対する生活支援をめぐる地域福祉の分野では，地域コミュニティの必要性が強調されるが，地域住民組織への加入率が全国的にも低下する中で，地域社会関係の希薄化は否めず，現実的に早急な対応は難しい状況である。そのような中で，家族と地域社会をつなぐひとつの試みが生活困窮者支援における伴走型支援の理念にうかがえる。雇用の流動化や晩婚化・少子化にともない，企業・家族を土台に夫婦と子どもから成る「標準家族」を範とした「日本型社会保障システム」が機能不全となる中，ホームレス支援の実践活動から立ち上がった「伴走型支援」の目的は「つながり続けること」であるとし，支援の課題を「家族機能の社会化」と位置づけている（奥田　2021：9-14）。血縁のみならず，赤の他人が家族（家族的）機能を担いあう地域づくりを支援の射程にいれたという意味で，先述した家族と地域社会の再編の具体性を考察する上で参考になると思われる。

注

1）ここでの親族は，実父母・養父母，継父母，配偶者，実子・養子，継子，兄弟・姉妹，その他親族を含む。

2）たとえば，近年話題となっている「教育虐待」なども，親は「子どものため」と思って行っている行為が子どもにとっては虐待であり，場合によっては厳しい親へ怨みを募らせる結果がさまざまな事件となって顕在化する事例は少なくない。

3）家族の教育格差については（荒牧　2019；本田　2008）などを参照のこと。

4）生活リスクへの対処は，もちろん家族か社会的制度かという二者択一の課題ではなく，実際には家族資源と社会資源の選択と連携のあり方に多様性があることが望ましいといえよう。

5）福島県からの避難者の推移は図 7-3 の通りである。

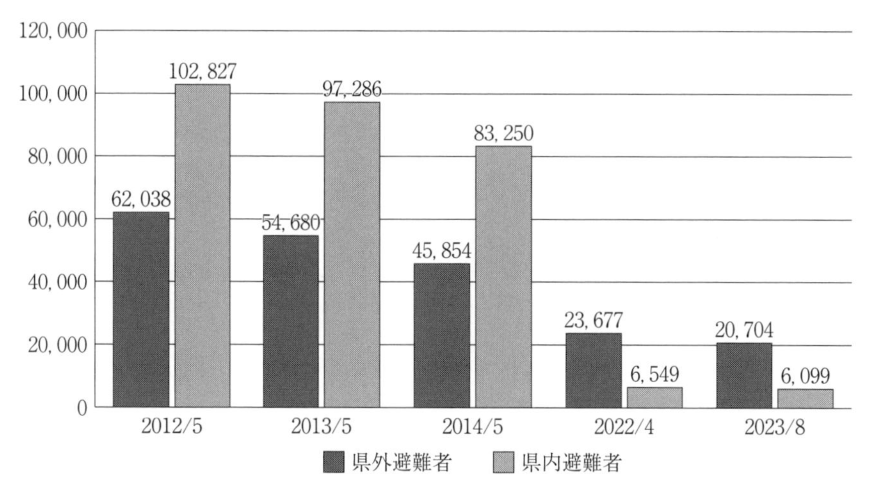

図7-3　福島県からの避難者数の推移（人）

出典）ふくしま復興情報ポータルサイトより筆者作成
（2023年10月1日取得，https://www.pref.fukushima.lg.jp/site/portal/hinansya.html）

6）この他，ビーンズふくしま発行の「みんなのひとしずく」は数年の自主避難を経て福島県に帰還した31人の母親の体験記であり，避難を決めた葛藤と帰還のきっかけやその後の生活についての複雑な思いがまとめられている。

7）実質的に「住民なき自治体」となってしまうことをどう考えるかが大きな課題となった。自治体の維持と住民が不利益を被ることを避けるという視点から，二重住民票や「通い復興」などが議論されたが，住民票の問題は現実的な制度変更まで至っていない。

8）「ひろしま避難者の会アスチカ」は2012年に設立され，会員は2016年までは120世帯前後で現在は約100世帯である。当初の会員は福島県からの避難者が6割を占めたが，2016年あたりから避難先で得た仕事での転勤や避難元への帰還などにより，関東からの避難者の割合が半数ほどを占めるようになっている。会員アンケートの結果はアスチカのHP（http://hiroshimahinanshanokai-asuchika.com/）で参照できる他，アスチカのこれまでの歩みについては速水（2019）の他『広島に避難してきた私たち』を参照のこと。

9）2019年２月から筆者が複数回のインタビューを行った。

10）2019年２月に筆者がインタビューを行った。

11）2014年から筆者が複数回にわたってインタビューを行った。

12）2016年から筆者が複数回にわたってインタビューを行った。

参考文献

荒牧草平, 2019,『教育格差のかくれた背景―親のパーソナルネットワークと学歴志向―』勁草書房
速水聖子, 2019,「避難をめぐる当事者間相互支援と共生のためのコミュニティ―ひろしま避難者の会『アスチカ』の事例―」『やまぐち地域社会研究』17：15-30
ひろしま避難者の会, 2021,「アスチカ」『広島に避難してきた私たち』ひろしま避難者の会「アスチカ」
本田由紀, 2008,『「家庭教育」の隘路―子育てに強迫される母親たち―』勁草書房
今井照・朝日新聞福島総局, 2021,『原発避難者「心の軌跡」―実態調査10年の〈全〉記録―』公人の友社
神原文子, 2014,「『家族戦略論』アプローチの有効性と限界」『家族社会学研究』26-1：145-52
松井克浩, 2017,『故郷喪失と再生への時間―新潟県への原発避難と支援の社会学―』東信堂
――, 2021,『原発避難と再生への模索―「自分ごと」として考える―』東信堂
目黒依子, 1987,『個人化する家族』勁草書房
森岡清美, 1972,「序論」『社会学講座3　家族社会学』東京大学出版会：1-12
西城戸誠・原田峻, 2019,『避難と支援―埼玉県における広域避難者支援のローカルガバナンス―』新泉社
NPO法人ビーンズふくしま, 2017,『みんなのひとしずく』ビーンズふくしま
落合恵美子, 1995,「『個人を単位とする社会』と『親子関係の双系化』」『ジュリスト』1059, 有斐閣：37-44（＝2000,『近代家族の曲がり角』角川書店：129-147）
奥田知志, 2021,「伴走型支援の理念と価値」奥田知志・原田正樹編『伴走型支援』有斐閣
関礼子・廣本由香, 2014,『鳥栖のつむぎ―もうひとつの震災ユートピア―』新泉社
成元哲・松谷満・阪口祐介・牛島佳代, 2015,『終わらない被災の時間―原発事故が福島県中通りの親子に与える影響―』石風社
田淵六郎, 2012,「少子高齢化の中の家族と世代間関係―家族戦略論の視点から―」『家族社会学研究』24(1)：37-49
高橋征仁, 2015,「沖縄県における原発事故避難者と支援ネットワークの研究2：定住者・近地避難者との比較調査」『山口大学文学会誌』65：1-16
田並尚恵, 2013,「災害が家族にもたらす影響―広域避難を中心に―」『家族研究年報』38：15-28
山田昌弘, 2004,「家族の個人化」『社会学評論』54(4)：341-354
山下祐介・開沼博編著, 2012,『原発避難論』明石書店
除本理史, 2016,『公害から福島を考える―地域の再生をめざして―』岩波書店

自習のための文献案内

① 長谷川公一・山本薫子編，2017，『原発震災と避難』有斐閣
② 田中重好・黒田由彦・横田尚俊・大矢根淳編，2019，『防災と支援』有斐閣
③ 吉野英岐・加藤眞義編，2019，『震災復興と展望』有斐閣
④ 松井克浩，2017，『故郷喪失と再生への時間—新潟県への原発避難と支援の社会学—』東信堂
⑤ 西城戸誠・原田峻，2019，『避難と支援—埼玉県における広域避難者支援のローカルガバナンス—』新泉社

①～③はシリーズ「被災地から未来を考える」として刊行されたものである。東日本大震災を社会学はどのような視点から研究してきたのか，その蓄積のひとつの到達点といえる内容となっている。①は原発震災がなぜ起きたのか，避難者・避難自治体が直面してきた課題についてまとめられた巻である。②はこれまで別々に議論されてきた防災対策と災害支援を社会全体の問題として考察する巻となっている。③は津波被災と原発被災のそれぞれの被災と復興の現状をふまえ，今後の災害復興のあり方を考察する巻である。④⑤はいずれも広域避難についての詳細な実証研究である。④は新潟県の広域避難者の状況と避難者支援のあり方を通して，災害復興とは何かについて中越地震の経験もあわせて考察するものである。⑤は埼玉県を事例に広域避難の課題と受け入れ地域の避難者支援のあり方を時間軸に沿って詳細に分析したものである。

第 8 章

外国人の移住と家族
——フィリピン人結婚移民の事例から

高畑　幸

1 外国人からみた日本の家族

少子高齢化が進む日本では労働力不足が進み，その解決策として2017年からの外国人材受け入れ拡大政策が行われた結果，外国人人口は急増して2022年6月末現在，266万9,267人（総人口の2.3%）にのぼる[1)]。現在，日本では「日本人と外国人が混在する家族」や「外国人だけの家族」が増えている。では，日本で暮らす外国人の目から「日本の家族」はどのようにみえているのだろうか。日本人との結婚を機に来日した「**結婚移民**」の経験から日本の家族を相対化することが本章の目的である。

この章では，1990年代から日本で暮らす**フィリピン**人結婚移民を事例として，移民がいかに日本の地域社会と関わりながら生活基盤を作り，次世代を育て，老いつつあるかを明らかにしたい。フィリピンから日本は飛行機で4時間ほどと近く，20世紀初頭から現在まで両国の間で人の往来が多いが，日本人と結婚して定住した女性たちに本章では注目したい。

家族のあり方は国によってまったくちがう。来日する**移民**たちはそれぞれが自らの言語と文化と思考様式を鞄に詰め込んで来日している。日本における彼（女）らの半生は，日本で出会う人びととの交流を通じて，自分が母国で身に着けた言語・文化・思考様式を維持したり，徐々に変容させたりする過程であった。同時に，移民たちは移住先で限られた人的・物的・経済的資源を利用しながら家族生活を送らねばならない。自国ならば家族・親族から得られた支援（住居の利用，子育て・病気・高齢者等の世話，悩み相談等）が移住先では充足できないことが多いからである。したがって，移民の家族は自身の変容と同時に移住先の人びととの協働をともなうものといえる。

本章では国連の定義にしたがって「移民」を「移住先国で1年以上滞在する人びと」と考える[2)]。また，以下に提示するデータは，1990年代前半から現在に至るまで筆者が行ってきたフィールド調査による。とくに，在日フィリピン人介護者調査（2008年），在日フィリピン人1.5世代調査（2010～2012年），在日フィリピン人高齢者調査（2021～2022年）で得られた質的データを引用しながら論を進めていきたい。今後，日本で家族を形成する外国人はさらに増加する。本章では，他国と比較して日本の家族の何が特徴的なのかが明らかになる。同時に，フィリピン人だけでなく日本で暮らす移民が共通して抱える家族生活の課題も浮かび上がるだろう。

以下では，移民とその家族を理解するための概念等を提示した後，在日フィリピン人社会全体の人数，**在留資格**，結婚移民の来住経緯等を概観する。その後に結婚移民が経験した，自分の出身家族と日本での家族との関係，自分と子どもたちとの関係，夫との関係性の変化に注目し，彼女らの語りを交えながら詳述したい。

2 移民とその家族を理解するための概念や理論

2．1　女性の移住労働者

国際移動はその個人および送出・受入国の社会変容を映す鏡である。国際移住機関（International Organization of Migration）によると，2020年時点で国際移民は世界人口の3.6％にあたる約2億8千万人であり，大半の人びとが出生地にとどまっている（国際移住機関　2021：23）[3)]。つまり移住者は少数派なのだが，その規模は拡大し続けている。たとえば，Hein deHaasほか（2020）は，第二次世界大戦以降の人の国際移動のトレンドは，① 国際移動が世界規模で発生すること，② 主要な移住の流れ（出発地と目的地）が変化すること，③ 新たな移住先国が発生したこと，④ 送出国が後に受入国となること，⑤ **移民の**

女性化，⑥移住の政治化と安全対策の6つにまとめている。

この中で本章に関連するのが「移民の女性化」である。20世紀半ばまでは家族の中でも主な働き手である男性（夫や父親）が先に移動し，後に妻子や親きょうだい・親族を呼び寄せるという連鎖移動が主流だった。しかし，1990年代から家族の中で女性（妻や母親）が家族を離れて単身で移住労働を行うケースが発生するようになった。とくに，東南アジアの女性たちがシンガポールや香港等において住み込みで家事労働をしたり，台湾で介護労働をしたりする事例がある（たとえば，小ヶ谷　2016；鄭　2021）。また，看護師として中東やヨーロッパ，アメリカへと女性たちが移動し，後に家族を呼び寄せることも多い（ジョージ　2011）。2021年時点で世界の移民に占める女性の割合は47.9％にのぼる（国際移住機関　2021：28）。

日本においても同様に，女性の移住労働者がいる。1980年代後半から2000年代半ばには後述するフィリピン人の興行労働者（歌手，ダンサー等），2000年代後半から看護や介護の専門職，2010年代以降は英語教師やITエンジニアが来日しており，その中には女性が多く含まれている。その後，日本で定住する女性たちも多い。

2．2　結婚移住

移民の女性化のもうひとつの側面が**結婚移住**である。国際結婚の増加は日本だけでなく，東アジア諸国に共通する現象で，台湾では1980年代，韓国では1990年代から仲介業者が農村の独身男性に東南アジア諸国の女性たちを紹介する「業者婚」が普及した（たとえば郝　2021）。日本でも1980年代後半から国際結婚を仲介する業者が存在している。このような，発展途上国の女性が先進国の男性に嫁ぐ現象は「グローバルな上昇婚」（嘉本　2008：29）と説明できる。結婚により地理的に移動する結婚移民の大半は女性で，当然ながら，移動にはリスク（家族・友人との別れ，社会的地位の一時的喪失）がともなう。そのため縁組では常に「女性にとって移動する価値があるかどうか」，つまり，その「価値」の判断基準と生活水準の上昇や，移動先から母国の家族への送金の可能性等が問われる。

ただし，「グローバルな上昇婚」の図式は20世紀のものといえるだろう。その説明図式の前提として，結婚移民を送り出す社会において女性の社会進出が限定的で経済的地位が低いことが想定されているからだ。2000年代以降，アジアの国々は経済発展を遂げた。2020年代においては，かつての発展途上国（ベトナム，フィリピン等）は経済発展が目覚ましい新興国に，かつての先進国（台湾，韓国，日本等）は人口減少に悩む「衰退途上国」となってしまった。上記に挙げた「先進国」が現在も結婚移住先として魅力的とは限らないし，各国で結婚に対する価値観が多様化したことも留意しておきたい。

また，外国出身者が日本に定住する手段は日本人との結婚だけではない。日本では南米の日系3世が家族とともに来日・定住したり，理工系・情報系の専門職人材が家族とともに来住したりする等，上記以外の家族での移住パターンは数多くある。前者に関する研究の蓄積はあるが（たとえばヤマグチ　2021），後者についてはまだ少ない。

これら結婚移民以外での家族移住も増えてきているが，以下では筆者が約30年間にわたり調査対象としてきた在日フィリピン人結婚移民に焦点をあてたい。その理由は，彼女らがひとりの外国人として「日本の家族」へ飛び込んでから数十年をかけて，日本人の夫とその親族，自分の子どもたちとの関わりを通じて日本の家族のみならず日本の地域社会にも根付いてきたことがわかるからである。

Practice Problems　練習問題 ▶1

1980年代から90年代にかけて，日本の農村へ外国人女性が嫁いだのは，なぜだと思うか。過疎化と結び付けて考えてみよう。

3 在日フィリピン人結婚移民とは

3. 1　永住者，女性，50代前半が多い

はじめに，在日フィリピン人の在留資格と定住経緯を確認しておこう。日本

とフィリピンとの間の人の移動は20世紀初頭から現在まで常に発生してきた。外国籍者は日本で長期滞在するために在留資格を得る必要がある。2021年末現在の国籍別・在留資格別人数をみると（表8-1），フィリピン人は「永住」が約半数を占める。在留資格は合計29種類あるが，永住，定住，日本人の配偶者等（日本人の配偶者，実子と特別養子），永住者の配偶者，特別永住者はまとめて「身分資格」とよばれる。日本国籍者との血縁・婚姻関係で取得できることが多く，「身分資格」をもつ人びとは日本で長期滞在でき，居住地も職業も自由に選択できる。在日フィリピン人の場合，永住を含む「身分資格」での滞在者の割合が合計76.7%と非常に高い。また，性別比率では7割が女性で，年齢階層では50代前半がもっとも多い（3万2,564人）。

表8-1　フィリピン人の在留資格別人数（2022年末現在）

在留資格		実数	割合
身分資格	永住	137,615	46.1%
	定住	57,591	19.3%
	日本人の配偶者等	25,453	8.5%
	永住者の配偶者等	8,286	2.8%
	特別永住者	50	0.0%
活動資格	技能実習	29,140	9.8%
	特定技能	13,214	4.4%
	技術・人文知識・国際業務	8,655	2.9%
	特定活動	5,797	1.9%
	家族滞在	4,584	1.5%
	留学	2,482	0.8%
	企業内転勤	1,507	0.5%
	教育	1,735	0.6%
	技能	750	0.3%
	興行	436	0.1%
	その他	1,445	0.5%
合計		298,740	100.0%

出典）法務省「在留外国人統計（令和4年末現在）」より作成[4)]

3. 2　定住層の5類型

上記のような身分資格で長期滞在する人びとを「定住層」と考えると，その来日時期と経緯から5つに類型化できる。それらの概要を示したのが図8-1である。本章でいう結婚移民の多くが，1980年代後半から2000年代半ばに来日し，日本で興行労働をした後に日本人男性と結婚した人たちである。彼女らを

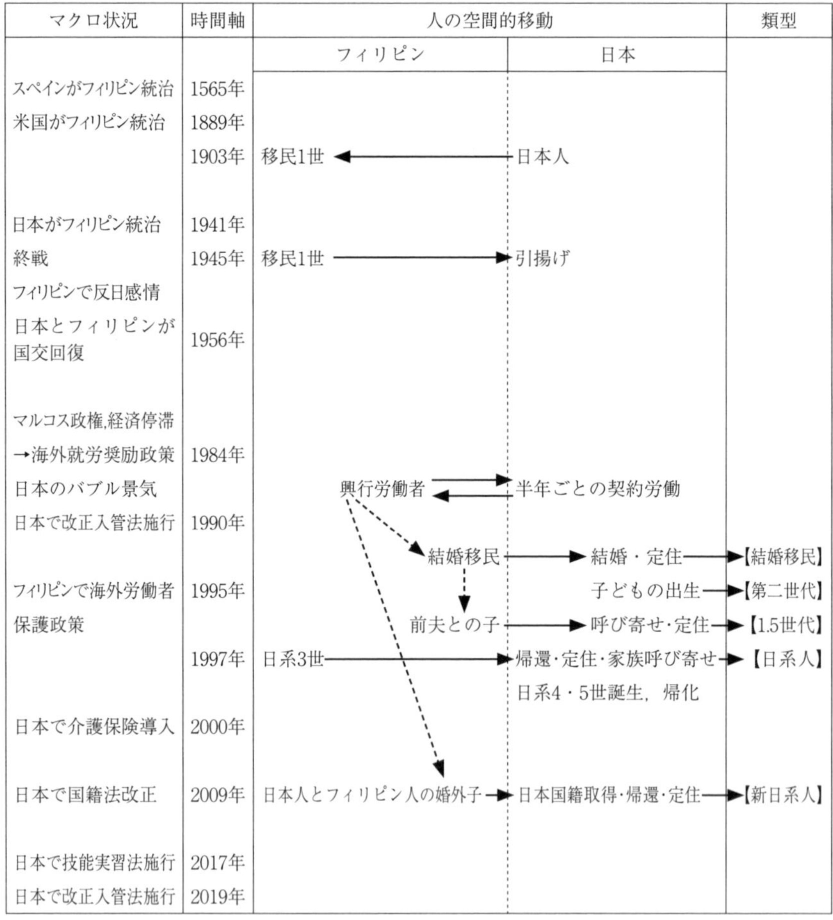

図8-1　在日フィリピン人の定住層の5類型

出典）筆者作成

日本での第一世代と考えよう。以下では，日本人夫との間に生まれた子どもを第二世代と呼び，第一世代と第二世代の中間として，10歳前後でフィリピンから呼び寄せた，前夫との間の子どもを**1.5世代**とよぶことにする。なお，図8-1にある日系人は本章の分析対象とはしていない。

3.3　女性が多い結婚移民

次に，上記の定住層の中から結婚移民について詳しくみていこう。フィリピン人の結婚移民は「日本人男性とフィリピン人女性の組み合わせがほとんど」という特徴がある。

日本では**国際結婚**比率が3.3％（2021年，全国平均）と低いが，都市部では比較的高く，東京23区が5.6％，大阪市が5.4％，相模原市が4.5％となっている（厚生労働省　2021年）。とはいえ，台湾では8.9％，韓国は6.8％なので，日本はいまだ比率が低い（いずれも2021年の各国政府統計による。詳細は高畑2022を参照）。いわば，日本は自国民同士の結婚比率が高く，いわゆる国際結婚は少数派である。

厚生労働省人口動態統計によると，2021年の日本人と外国人配偶者との婚姻件数は1万6,496件で，日本人男性と外国人女性の組み合わせが9,814件，日本人女性と外国人男性の組み合わせは6,682件であった。男女比はおよそ3対2となる。しかし，それぞれの結婚相手の出身国は少し異なる。日本人男性と結婚する外国人女性の出身国は①中国（3,072人），②フィリピン（1,780人），③韓国・朝鮮（1,284人）の順だが，逆に日本人女性と結婚する外国人男性の出身国は，①韓国・朝鮮（1,561人），②アメリカ合衆国（1,049人），③中国（903人）の順である（厚生労働省　2021年）。

表8-2は，日本人との国際結婚件数が多い4つの国籍カテゴリ（中国，韓国・朝鮮，フィリピン，タイ）の，1992年から2021年の結婚件数の累計と，性別の構成比を示したものである。いずれも「外国人女性と日本人男性の組み合わせ」が多い。中でも，フィリピン人と日本人との結婚件数は累計17万8,020件だが，そのうち97.7％がフィリピン人女性と日本人男性との組み合わせと顕著に偏っている。これに対し，韓国・朝鮮人と日本人との間の結婚は，

表8-2　日本人と外国人との結婚件数における外国人配偶者の性別構成比
（1992-2021年の累計）

	合計	女性	構成比	男性	構成比
中国	259,056	233,514	90.1%	25,542	9.9%
韓国・朝鮮	186,827	122,158	65.4%	64,669	34.6%
フィリピン	178,020	173,998	97.7%	4,022	2.3%
タイ	42,920	41,695	97.1%	1,225	2.9%

出典）厚生労働省・人口動態統計から作成[5)]

韓国・朝鮮人の女性が65.4%で，フィリピン人にくらべるとかなり低い。

3．4　フィリピンと日本の「家族」の違い

ここでいちど「日本の家族」を客観的にみてみよう。結論を先取りすると，フィリピン人結婚移民からみえる日本社会は，離婚が簡単にでき，婚外子が少なく，政治・経済分野で女性が弱い国である。以下に詳しくみていこう。

日本とフィリピンでは家族のあり方がちがう。フィリピンの家族社会学者Belen Medinaによると，同国の親族は血族，姻族，**疑似親族**（pseudo-kin）の3つで構成される（Medina　2001：31)。ここでいう疑似親族とはカトリックの儀礼（洗礼，堅信，婚礼）ごとに立てる代父（godfather）・代母（godmother）のことで，子と代父母は生涯にわたり互酬的関係を続ける。日本でいう生活保護はフィリピンには無く，疑似親族を含む親族間での相互扶助が社会保障の乏しさを補うという実利的な側面もある。なお，海外移住した貧困層出身者は母国に残した家族へ送金や海外移住の支援等をするのが義務である。

両国の家族制度で最大の違いは，フィリピンには**離婚**制度がないことである[6)]。それはカトリック教会が国家に大きな影響を与えているためであろう。夫婦ともにフィリピン国籍の場合，このフィリピン法のみが適用される。一方，フィリピン国籍者と外国籍者の結婚においては離婚の手続きは可能で，フィリピン国外で有効に離婚が成立した場合，フィリピンの裁判所でその離婚が承認されればフィリピン国籍者はフィリピン法の下で再婚の資格を有する状態となる。

フィリピンでは堕胎（**人工妊娠中絶**）は非合法とされている。上記のように離婚ができないため婚姻関係が破綻した既婚者と独身者，あるいは既婚者同士の事実婚が多くなり，フィリピンで生まれる子どもの57.0%が婚外子である[7]。これは北欧諸国と同レベルでありOECD諸国の平均（42%）を超える[8]。これに対して，日本では離婚が簡単にでき（役所への届け出のみで成立する**協議離婚**制度），母体保護法により堕胎が可能であるため，出生数に対する婚外子比率は2.3%にすぎない[9]。人工中絶の合法化の是非はフィリピンで常に政治的議論があるものの，婚外子比率において日本とフィリピンは対照的である。

また，フィリピンは**女性の社会進出**が進んでおり，世界経済フォーラムの「ジェンダー・ギャップ指数2022」によると，日本の総合スコアは世界で146か国中116位だが，フィリピンは19位とアジアでもっとも高い[10]。フィリピンでは，企業や官公庁で女性の管理職が目立つ。この点も日比両国で対照的である。

国際結婚が直面するのは言語や文化の違いだと考えられがちだが，その「違い」はそれぞれの社会や法の制度の違いに由来する。各国の法制度は国家の成り立ちや価値観に関わるものであり，どちらが正しいといえるものではないが，上記から，フィリピン人結婚移民が母国でなじんでいた家族観は日本社会および日本の家族の現実とは異なることがわかるだろう。

このほか，外国籍者は日本で参政権がないこと，日本での定住後も所定の滞在期限を超過したり，当初の在留資格では許可されない活動（例・観光ビザで来日して就労）をすると摘発されたり，いちど日本に定住してから母国へ帰省する場合には再入国許可を得る必要がある等，日本で外国人として暮らすにはさまざまな制約がある。

Practice Problems　練習問題 ▶ 2

フィリピンは世界でも数少ない離婚禁止国である。離婚ができないことで，個人の人生にはどのようなメリットとデメリットがあるだろうか。

4 フィリピン人結婚移民と日本の家族：聞き取り調査から

4．1　2つの家族——相互の助け合いは当然

次に，フィリピン人結婚移民女性への聞き取り調査で得られた語りから，彼女ら自身が日本での家庭生活を送りながらも母国の家族といかにつながり続けてきたかをみていこう（詳細は高畑　2023）。

フィリピンにいる孫に送金

現在，関西地方で暮らす50代のモニカさん（仮名）は，20代前半に来日して歌手として働いた後に20代後半で日本人男性と結婚した。彼女は来日前，すでにフィリピンで3人の子どもをもつ**シングルマザー**だった。日本で結婚して定住した後，子どもたちを日本に呼び寄せたが，3人のうち2人はその後，フィリピンに帰国した。現在，モニカさんは飲食店で働きながら，収入の一部をフィリピンにいる子どもと孫に送金している。

「私は今，フィリピンにいる孫に送金しています。孫の親たち（自分の子ども）のフィリピンでの収入は少ないからです。大学生，高校生，小学生の孫がいます。私は日本に来てからずっとお金を送っています。私たちのように海外に行っている者が（フィリピンにいる家族を）助けなければ，他に（家族を）助けてくれる人は誰もいません。私は親やきょうだいを見捨てることはできません。たとえ少しでも助けなければと思います。自分だけおいしいものを食べて，彼（女）らがおいしいものを食べられないというわけにはいきません。」

「自分だけがおいしいものを食べて母国の家族が食べられないのは……」とは，フィリピン人結婚移民からよく聞かれる語りである。モニカさんは常に母国にいて苦しい生活をしている家族を思い，少しでも家族を助けたいと思う気持ちは来日から約30年間，変わらない。

結婚移民の緊急事態に母国から駆け付ける

アーリンさん（50代）は姉の看病のため来日し，その後，自身も日本人男性と結婚した。姉は結婚移民として日本で定住していたが，ある日，大きな事故にあって重傷を負ってしまう。姉の夫は途方に暮れ，母国にいてシングルマザーだった義妹のアーリンさんを頼った。

「（私は18歳の時から4年間にわたり，半年契約の歌手として何度か日本とフィリピンを往復しましたが）日本に長く住むようになったのは1995年，私が29歳の時です。（結婚移民の）姉からの呼び寄せでビザが出ました。（当時，姉が大きな怪我をした後遺症で病気になり）義兄（姉の夫）が私を呼び寄せてくれて，来日した私はずっと姉の看病をしました。……今はパートで働きながら，（視力と聴力に障害がある）姉の通院に付き添っています。私は姉にとっての耳であり目なのです。」

アーリンさんは姉の自宅近くのアパートで暮らす。彼女の義兄（姉の）にとっては，突然の事故で妻が長期入院となり途方に暮れていたところにアーリンさんが駆けつけてくれて，どれほど心強かっただろうか。大怪我からの快復を目指す姉にとっても，肉親がそばにいて支えてくれたことが大きな力となったに違いない。上記のモニカさんの事例は日本にいる結婚移民が母国の家族を助ける関係だったが，日本にいる結婚移民やその家族が，母国の家族に助けられることも大いにあることをアーリンさんの事例が示している。

4．2　母と子の間にある葛藤

次に，子どもの視点から「国境を超える親子関係」を振り返ってみよう。以下は，筆者らが2010～2012年に在日フィリピン人1.5世代調査で得られた語りである（詳細は高畑・原　2014)。1.5世代とは，ここではフィリピンで生まれ育ち，10代で来日した青少年を指す。彼（女）らの母親はフィリピンではシングルマザーで，子どもを自分の母やきょうだいに預け，子どもの養育費を稼ぐために歌手やダンサー等の興行労働を選んだのだった。そして日本人男性と結婚して来日し，生活が落ち着いた後に子どもたちをフィリピンから呼び寄せた。

1.5世代にとっての「来日」は，反抗期の自分に向きあいながら，それまで長期に渡って離れて暮らした，「ほぼ他人」の母との**母子関係**の再構築をすることだった。また，一般的に，7～10歳で生活と学習に使う言語習得の基礎が固まるため，10歳を超えて来日した子どもたちは日本語習得が難しい。このことが，彼（女）らが来日後に日本語を習得して高校へ進学することへの障壁となっている。

フィリピンで豊かな生活，来日後は母親との葛藤

14歳で来日し，調査当時は20代となっていたハンナさんは「フィリピンでの暮らしのほうが楽しかった」という。

「（来日前，暮らし向きは）結構，中ぐらいなんですよ。お母さんが日本に出稼ぎに行っているおかげで（自分に）仕送りもしてくれていて，（フィリピンでは）本当に（生活には）困ってなかった。（親戚と一緒に暮らしていた）家も（アパートではなく）一軒家だし，（私が通っていたのは）インターナショナルスクールだったんですよ。私立の。ここ（日本）に来るまでずっとその学校です。送り迎え付きだったんです，車で。お小遣いも毎月もらってるし，好きなもの食べてるし，普通に不自由なかったですね。」

ハンナさんは母親に呼び寄せられて来日し，母と日本人の義父（母の再婚相手），その間に生まれた弟妹と暮らすことになった。当時，彼女は14歳で反抗期の真っただ中だった。

「（反抗期は）やばかったですね，お母さんとは。（生みの親だけど）育ての親じゃない。だって，10年以上，離れて（暮らして）て，いきなりプツって（フィリピンでの生活を中断して来日して），『（今日から母と）家族です，一緒に暮らします』（と言われて）。もう，そのあとがギャップで。私が知ってたお母さんと，お母さんが知ってた私が違うらしく，そこでぶつかって。（母からみれば）『こんな子じゃないよね，あなた』みたいな。……お互いを知らなかったんですよね。あと，お母さん自身が（私を）育ててないから，あんまりお母さんっぽくなかったですね。……私の意見が口答えのようにしか聞こえなくて『親に向かって何言ってんの』っ

て感じで（言われた）。」

その後，ハンナさんは20代前半で母親と再び仲良くなるのだが，彼女がたどった「**家族再統合**の難しさ」は，多くの1.5世代が経験することであった。日本では母親が子どもを残して海外に単身赴任をするのはまだまだ珍しいかもしれないが，フィリピンでは海外就労者の半数が女性であり，母国に残る夫や女性の家族・親族がその子どもたちの面倒をみるのは普通である（たとえばParrenas　2005）。結果的に長期にわたり離れて暮らした母子が再会する時，失った時間の大きさに直面するのである。

次に，結婚移民の視点に移して親子関係をみてみよう。ハンナさんは彼女の母親とフィリピン人の父親（母親の前夫）との間に生まれた子どもである。いわば，ハンナさんと母親は「フィリピン人同士」である。一方，日本で結婚移民となった女性たちには日本で生まれた子どもたちもいる。ちょうどハンナさんにも日本で生まれた弟妹がいた。結婚移民と日本生まれの子どもたちとの関係には，フィリピン文化と日本文化とのせめぎあいが投影されている。

子どもの乳幼児期は，フィリピン人の母親は子どもに英語やフィリピン語で話しかけたりカトリック教会で洗礼を受けさせたり，頻繁に子どもを連れてフィリピンに帰省する等，自分の言語と文化を子どもに伝える努力をすることが多い。しかし，日本にはフィリピン人学校はないため子どもたちは近隣の幼稚園・保育園から小中学校に通うケースが大半で，子どもたちは日本の学校教育の中で日本語を第一言語として習得していく。小学校高学年になると子どもは日本語の会話および読み書き能力が発達し，学校等から持ち帰る日本語の文書を親が読めないと自分が読み上げて説明するなど「通訳役割」を担い，そのストレスから親を馬鹿にする態度をとるようになることさえある。

家族をとりまく経済的・職業的な事情からくる葛藤もある。たとえば，かつて歌手やダンサーとして働いた後に結婚移民となった女性たちの中には，結婚後も母国への送金のため夜の仕事を続けている人たちがおり，夜間に自宅を不在にすることや飲酒をして帰宅することで，思春期を迎えた子どもたちとの間で葛藤が生まれることがある。

筆者は2006年に大阪で**介護**職に就くための「ホームヘルパー2級」講座（現在の介護職員初任者研修）で日本語の補習支援をしながら受講生のフィリピン人女性に話を聞いた。その後，2008年に「在日フィリピン人介護者調査」では，上記の資格講座を修了したフィリピン人190人への質問紙調査を行った。これらの調査から得られた語りを紹介しよう（詳細は高畑　2010）。

結婚移民は「日本人」の子どもから尊敬されたい

マリアさん（仮名）は1970年に生まれた。フィリピンでは貧困層の出身で，20代前半から数年間，ダンサーとして日本で半年間の出稼ぎ労働を繰り返した。就労中に知り合った日本人男性と結婚して1993年に結婚移民となり，調査当時，高校生と中学生の子どもたちを育てていた。マリアさんは，介護の資格を目指す理由をこのように語った。

「（フィリピンの家族に送金するために）今まではアルバイトで水商売（夜間に営業する飲食店）をしてきたけれど，そろそろやめたいんです。水商売はお金を稼げるけど，以前，子どもが友達から『お母さんは何の仕事をしているの』と聞かれたときに，子どもは私の（水商売という）仕事を友達に言いたがらないんです。ショックでした。私が（介護の資格を取るために）がんばっているところを子どもに見せて，子どもから尊敬されたい。だから介護の資格を取りたい。」

上記のハンナさんがフィリピンにいた頃に母から**送金**を受け取っていたように，日本で結婚移民となり実家への送金を続ける女性たちは多い。その理由は母国に残した子どもの学費や生活費，年老いた親の生活費や医療費，自分で買った家のローン等，さまざまである。送金のためとはいえ，母親が子どもを置いて夜に働きに出ることに，**思春期**の子どもたちは複雑な思いがあるだろう。そのことを察知したマリアさんは子どもたちとの信頼関係を再構築する必要があると考え，介護の資格取得にチャレンジする姿を子どもたちにみせたかったのである。その後，マリアさんは資格を取得して介護の仕事に就いた。

Practice Problems 練習問題 ▶ 3

1990年代以降，フィリピン等の東南アジアの国々の女性たちが，シンガポール，香港，台湾等で家事労働者や介護労働者として働きにいくようになった。それはなぜか。労働者を受け入れる国々での家族のあり方や女性の社会進出の側面から考えてみよう。

4．3　夫との協力，交渉，調整

次に，結婚移民と日本人夫との関係に注目してみよう。筆者らが2021～2022年に行った「在日フィリピン人高齢者調査」では，関西地方で暮らす50代以上のフィリピン人結婚移民78人に聞き取りを行った。日本での滞在が20年以上の人が多く，来日当初に結婚した日本人男性との離婚や死別を経験した人たちも少なくなかった。結婚移民と日本人夫との関係は，来日当初は緊張関係があったものの，次第に協力関係に変わっていった。

夫は自分に外で働いて欲しくない

カレンさん（仮名）は1990年代前半に21歳で来日した。日本人の夫は彼女より30歳上という「歳の差婚」で，夫婦の間には子どもが2人いる。夫は2005年から病気と闘った末，2015年に他界した。夫の闘病中，カレンさんは当時中学生の子どもたちの面倒をみながら夫の看病をして，パートで働きに出ていた。

「夫は（2005年から）パーキンソン病で10年くらい闘病しました。（夫が働けないため）夫に頼み込んで，私は（介護士の）仕事をしました。ほんとにいろいろ苦労しました。夫はいつもお金がない，たくさんお金がかかると言っていました。……夫は介護士の仕事には賛成してくれませんでした。（夫は私に）フルタイムの仕事をしてはしくなかったんです。夫は，本当は私に家にいて欲しかったんです。でも彼は（私が外で働くことを）了承するしかありませんでした。」

結婚当初，夫はカレンさんに「家にいてほしい」と考え，フィリピン人の友人と外出することさえ好まなかったという。その後，夫の闘病や子育て，パート労働を経てカレンさんは精神的にも経済的にも自立を果たした。また，夫が元気だった頃は夫が**町内会**や子どもの学校の PTA で役員をしていたが，夫が病に倒れてからカレンさんがその役割を担うようになり，「**ママ友**」が増えて近隣住民との付き合いが深まった。カレンさんの来日当初，彼女は夫に従属する関係だったかもしれないが，夫の闘病を契機に協力的関係に変わった。夫と死別し子どもたちが独立したカレンさんは，調査当時「孫の写真を見るのが楽しみ」と語っていた。

日本人夫もフィリピンで老後を

フィリピンでシングルマザーだった女性が日本人男性と結婚（再婚）して来日するケースもある。日本で暮らす友人からの紹介で，30 代後半で 8 歳上の日本人男性と結婚して来日したノルマさん（仮名）もそのひとりで，フィリピン人の前夫との間に 3 人の子どもがいるが，子どもたちは日本に呼び寄せなかった。彼女は近い将来，日本人夫とともにフィリピンへ移住する予定である。

「（まもなく定年を迎える）夫が私よりも先にフィリピンに行く予定です。（私が日本で働いている間）私の子どもたちが夫の面倒をみてくれます。そのことを夫は望んでいます。夫は「日本は寒いので嫌だ。フィリピンの方が暖かいのでフィリピンで暮らしたい」と言っています。また，私の子どもたちは夫のことを歓迎しています。だから夫がフィリピンで住むのも大丈夫です。私の子どもたちは私の夫のことを大事にしてくれています。たとえお金がなくても，明るくて優しければ，それで大丈夫です。そうでしょう？　……私の夫は幸運だと思う人がいるかもしれません。でも，私は結婚した時から，私の夫にはあまりお金がないことを分かっていました。でも私と夫が一緒に働けば，日本で生活できます。そして少しですが，フィリピンに送金をすることもできます。すると（送金を受け取った私の家族が喜ぶので）私たちは二人とも幸せな気持ちになります。だから，私自身も夫と出会えてラッキーでした。」

ノルマさんは日本人夫と結婚して来日し定住したことで，自分がパートで働いたお金を母国にいる子どもたちに送金し，子どもたちは大学を卒業することができた。この間，ノルマさんと夫は日本，ノルマさんの子どもたちはフィリピンと居住地は互いに離れているものの，子どもたちは継父（ノルマさんの夫）との交流を続け，継父の老後の面倒をみたいと言っている。ノルマさんは来日以来，日本人夫との協力関係を続けた。そして夫は近い将来，フィリピンに渡ってノルマさんの親族の一員となろうとしている。これも国境を超えて広がる大家族のありかたの一例である。

5 むすび
：外国人の増加に伴い「日本の家族」はどう変わるか

本章はフィリピン人結婚移民が日本で定住し，母国の家族に送金をしながら日本で子育てをし，夫との関係性の変化や離別・死別を経験したかを示してきた。このストーリーには，結婚移民，母国での夫と子ども，移住先での夫と子ども，結婚移民および夫たちの家族等，両国で暮らす多くの「家族」が関わっている。日本で育った読者には，母親が単身で海外渡航したり，日本で家族がありながらも母国への送金を続けたり，前夫との間の子どもが母親の結婚（再婚）相手の老後の面倒をみたりするエピソードには違和感があるかもしれない。しかしすべて現実である。

結婚移民は自分が生まれ育った国での家族規範や慣習をもちながら日本で暮らしている。結婚移民にとっては，フィリピンの家族・親族内での経済的な相互扶助が規範なのである。結婚移民が送金をするだけでなく，きょうだいや甥姪が海外へ出稼ぎにいく場合はその渡航費も援助する。時には，結婚移民の送金が日本人夫を苦しめることもあるだろう（たとえば中島　2023）。

結婚移民は自分の文化を子どもに伝えようとする。このため同国の出身者が集まる教会やイベントに子どもを連れていき，日本各地でフィリピンコミュニティが形成されていく。加えて，結婚移民は子育ての過程で日本の地域社会や学校とのつながりを深めていくのである。子ども同士の友人関係から母親同士も仲良くなる「ママ友」からの依頼で子ども向けの英会話教室を開いたり，「ママ友」から紹介されてパートを始める等，結婚移民にとって「ママ友」は重要な社会関係資本となっている。

今後，日本では外国からの移住者がさらに増える。それにともない，先に日本へ移住した親に呼び寄せられ来日する子ども，日本語のよみかきができる人がまったくいない世帯，在留資格がない等の理由から社会保障制度につながらず高齢者や子どものケアを家族・親族内のみで担う世帯など，「日本に存在する家族」のあり方と，労働・教育・福祉の課題は多様化し続けるだろう。多国籍化・多文化化が進行する日本で，移民の来日から定住，加齢・高齢化にあわせて，その社会制度や行政サービス，地域社会のあり方をバージョンアップさせる必要に迫られている。

結婚移民の中にはさまざまな理由で離婚したり，離婚後に母国に帰ったり，母国以外の国での生活を選ぶ人たちがいる。筆者自身も何度か「帰国の選択」に立ち会ってきた。もちろん結婚や離婚は個人間の選択だが，その背景には日本において結婚移民に向けられる外国人差別や女性差別もあったことを指摘したい。今後はこのような悲しい思いで日本を去る人たちが減るようにと切に願う。

注

1) 法務省・在留外国人統計
（2023 年 6 月 3 日取得，https://www.moj.go.jp/isa/policies/statistics/toukei_ichiran_touroku.html）
2) 国際連合広報センター
（2023 年 6 月 3 日取得，https://www.unic.or.jp/news_press/features_backgrounders/22174/）
3) 国際移住機関・世界移民報告書
（2023 年 6 月 3 日取得，https://worldmigrationreport.iom.int/wmr-2022-interactive/）
4) 法務省・在留外国人統計
（2023 年 6 月 3 日取得，https://www.moj.go.jp/isa/policies/statistics/toukei_ichiran_touroku.html）
5) 厚生労働省・人口動態統計
（2024 年 1 月 24 日取得，https://www.e-stat.go.jp/stat-search/files?page=1&layou

t=datalist&toukei=00450011&tstat=000001028897&cycle=7&year=20210&month=0&tclass1=000001053058&tclass2=000001053061&tclass3=000001053069&stat_infid=000032235851&result_back=1&tclass4val=0）

6）在日フィリピン大使館
（2023 年 6 月 3 日取得，https://tokyo.philembassy.net/ja/consular-section/services/civil-registration/judicial-recognition-of-foreign-divorce/）

7）フィリピン国家統計局（2020 年）
（2023 年 6 月 3 日取得，https://psa.gov.ph/content/registered-live-births-philippines-2020）

8）経済協力開発機構（2020 年）
（2023 年 6 月 3 日取得，https://www.oecd.org/els/family/SF_2_4_Share_births_outside_marriage.pdf）

9）厚生労働省・人口動態統計（2021 年）
（2023 年 6 月 3 日取得，https://www.mhlw.go.jp/toukei/saikin/hw/jinkou/kakutei21/index.html）

10）World Economic Forum Global Gender Gap Report (2022)
（2023 年 6 月 3 日取得，https://www3.weforum.org/docs/WEF_GGGR_2022.pdf）

参考文献

deHaas, Hein, Stephen Castles and Mark J. Miller, 2020, *The Age of Migration: International Population Movements in the Modern World* (6th edition), Red Globe Press.

郝洪芳，2021，『東アジアの紹介型国際結婚』明石書店

嘉本伊都子，2008，『国際結婚論 !?　現代編』法律文化社

国際移住機関：International Organization for Migration, 2021, *World Migration Report 2022*, International Organization for Migration.

厚生労働省，「人口動態統計」（2024 年 1 月 24 日取得，https://www.e-stat.go.jp/stat-search/files?page=1&layout=datalist&toukei=00450011&tstat=000001028897&cycle=7&year=20210&month=0&tclass1=000001053058&tclass2=000001053061&tclass3=000001053069&stat_infid=000032235851&result_back=1&tclass4val=0）

Medina, Belen T. G., 2001, *The Filipino Family Second Edition*, University of the Philippines Press.

中島弘象，2023，『フィリピンパブ嬢の経済学』新潮新書

小ヶ谷千穂，2016，『移動を生きる―フィリピン移住女性と複数のモビリティ―』有信堂高文社

Parrenas, Rhacel, 2005, *Children of Global Migration: Transnational Families and Gendered Woes*, Stanford University Press.

ジョージ・シバ・マリヤム，2011，『女が先に移り住むとき―在米インド人看護師

のトランスナショナルな生活世界―』有信堂高文社
高畑幸，2009，「在日フィリピン人の介護人材育成―教育を担う人材派遣会社―」『現代社会学』10：85-100
――，2010，「在日フィリピン人の介護労働参入―資格取得の動機と職場での人間関係を中心に―」『フォーラム現代社会学』9：20-30
――，2022，「グローバル化と家族の変容」宮島喬・佐藤成基・小ヶ谷千穂編著『国際社会学 改訂版』有斐閣：82-98
――，2023，「在日フィリピン人結婚移民の高齢化―老後の居場所をめぐって―」『移民研究年報』29：29-41
高畑幸・原めぐみ，2014，「在日フィリピン人の1.5世代―日本は定住地か，それとも通過点か―」『国際関係・比較文化研究』13(1)：21-39
鄭安君，2021，『台湾の外国人介護労働者―雇用主・仲介業者・労働者による選択とその課題―』明石書店
ヤマグチ・アナ・エリーザ，2021，『変容する在日ブラジル人の家族構成と移動形態』世織書房

自習のための文献案内

① 嘉本伊都子，2008，『国際結婚論!?　現代編』法律文化社
② 佐竹眞明・メアリー・アンジェリン・ダアノイ，2006，『フィリピン-日本国際結婚：移住と多文化共生』めこん
③ 大野恵理，2022，『「外国人嫁」の国際社会学―「定住」概念を問い直す―』有信堂
④ 大野拓司・鈴木伸隆・日下渉編著，2016，『フィリピンを知るための64章』明石書店

①は「国際結婚」の近現代史を振り返り，基礎的概念や法的な問題がわかる，大変読みやすい入門書である。②は日本人夫とフィリピン人妻による共著書である。個人的な体験と，日本国内外に住む同様の夫婦への取材をもとに夫と妻それぞれの立場から「国際結婚」が描かれている。③は結婚移民を「移動する主体」ととらえ，彼女ら自身が日本でいかに社会関係を増やし日本を「ホーム」にしていくかが事例から明らかにされている。④は本章で紹介したフィリピン人結婚移民の出身国の政治，社会，文化，日本との関係史等を網羅した入門書である。結婚移民自身がもつ文化を理解する助けになる。

第9章

変容する台湾の家族

荘　秀美

1 伝統的家族からの変容

台湾は20世紀後半から急速な経済成長を経て，アジアで有数の裕福な社会へと転換し，今や世界経済においても重要な地位を占め，先進国に向けて花開こうとしている。現在，総人口約2,300万人で，さまざまな民族[1)]が共存し，それぞれに独特の文化を築き上げてきた。その多様性の中で育まれた台湾の家族は，社会変動とともに絶え間なく変化しながら，伝統的な価値を喪失しつつあり，変容を遂げてきている。そのような中で，現在，台湾の家族は一体どのような変化を遂げているのであろうか。

台湾の家族の変容を理解するために，まずその対照としての伝統的家族の姿をみてみよう。社会学者の林顕宗は，産業化社会における台湾の宗族組織[2)]の適応形態から，宗族を構成する基本的生活単位である家族の特徴を考察した。台湾の伝統的家族は，血縁，婚姻，または養子縁組により形成され，共同家計，財産をもつ生活上の基本的な単位である。また，家族は普通2，3世代から成り，「家父長制」，「女性の個性の抑制」，「同居家族」，「家系の重視」，「家族同財」，「孝の倫理」，「厳父・慈母・長幼の序」，「家長による配偶者選択」，「位牌祭祀[3)]」といった特徴をもつ（林　1982：24-28）。

しかし，産業化・都市化の進展にともなって，家族が大きく変容してきた。筆者は，台湾の高齢者介護に関わる家庭内の出来事や相続と扶養の仕方には，家族の変容が大いに関連していると指摘した。1990年代まで，家族の継承者の重要な役割は親の扶養であると広く認識されていた。「分家」（宅地，田畑を含む家の財産を分割すること）を行う際に，父母が分家後どのようにして生活するかということは，「均分」（長男と次男・三男を問わず，すべての息子が平等に遺産を相続すること）という原則を制約する主な条件であり，これが伝統的な「分家」制度におけるもっとも基本的な問題である。「均分」という条件で，親を扶養する義務も平等に分担する。ただし，社会に適応するために，多様なパターンが現れている。具体的にいえば，土地だけに依存しなくなった離農者の増加によって，均分する土地が同じ価値の金銭に換算されて，分けられるという形式になった家族も少なくない。そして，高齢の親の居住場所については親自身の要望が考慮されるが，多くの場合子どもたちの合意を得た上で決定される。「**輪食制**」（分家の際に，親が財産を全部息子に譲り，その後息子のところに一定期間，順番に訪ね居住すること）がなお残っているが，過去のように厳密には行われてはいない（荘　1997：186-189）。

一方，グローバル化による家族の変化も顕著になってきている。そのダイナミックな力が，子どもの社会への適応や家族成員の世話をする機能を果たす家族の能力に明確な影響を与えてきた。目に見える変化としては，国際結婚による家族，住み込みの外国人介護者がいる家族（のちに詳しく述べる），同性カップルによる家族などの増加が挙げられる。これらは国家間の境界を越えてトランスナショナルに生じているという点で，グローバル化と家族の関係を分析する上で，重要な要素であると考えられる。

以下，結婚に関する変化，家族に関する実態，家族と育児，家族と介護，および家族に関わる問題などの側面から，変容する台湾の家族を分析する。

2 結婚に関する変化

2．1　晩婚化・未婚化の進行

結婚に関する重要な変化として，平均初婚年齢が上昇しつつあり，晩婚化・未婚化が進んでいることが挙げられる。日本の総務省に相当する台湾の内政部（2023）が行なった人口統計によると，2022年に男性の初婚年齢（first marriage age）は32.6歳，女性の平均初婚年齢は30.7歳であった。2012年時点の男性の平均初婚年齢は31.9歳，女性は29.5歳であり，10年間で平均初婚年齢は男女ともに上昇している。

普通婚姻率（Crude Marriage Rate：CMR）は2001年に7.63（人口1,000人あたりの婚姻件数）だったのに対して，2022年には5.36に低下している。20代で未婚の人は以前よりも増加しており，20代後半でも半数以上が未婚となり，多数派を占めるようになっている。2022年時点で，50歳以上の女性における有配偶者は57.5％であり，2001年時点の65.8％より8.3％減少している（内政部　2023）。配偶者のいない女性は，結婚せずに未婚のままであったり，あるいは離死別により単独世帯となったりとさまざまな状況にあるが，結婚の姿が多様化する中で，女性の人生も多様化しているといえる。

2．2　離婚をめぐる動向

以前は，離婚は少ない傾向にあったが，現在は著しく増加している。内政部（2022）による公表資料によれば，2021年の離婚件数は4万7,888組であり，平均して毎日131.2組の夫婦が離婚している。その内訳は異性同士の離婚が4万7,381件，同性同士の離婚が507件となっている。なお，2019年以降，離婚件数は4年連続で減少している。離婚者における結婚継続年数の平均は8.0年であり，離婚者の半数は結婚期間が8年未満で離婚していることが示されている。とくに，結婚期間が5年未満の離婚者は1万6,639件であり，全体の34.8％を占めている。これは過去10年間でもっとも高い数値である。次に，結婚期間が5～10年未満の離婚者は1万1,198件で，全体の23.4％を占めている。また，離婚件数全体を国籍別にみると，両方とも台湾国籍の場合が86.4％を占め，どちらか一方が外国籍の国際結婚の場合が13.6％となっている。以上から，台湾の離婚の特徴として，比較的結婚年数が短い夫婦の離婚が多いことが挙げられる。さらに，離婚後において母親が親権をもつ割合が高いというのも特徴のひとつである。2022年の裁判離婚の場合，図9-1に示したように，親権者は母親が64.7％，父親が20.4％，**共同親権**が13.9％，三親等内親族が1.0％，その他（社会福祉団体など）が1.0％をそれぞれ占めている。

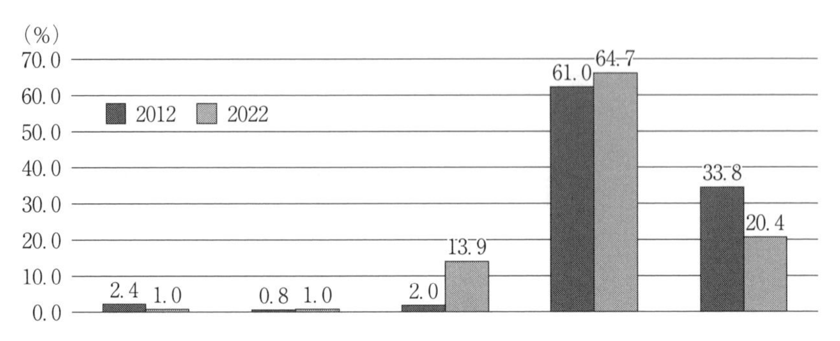

図9-1　裁判離婚における親権取り決め

出典）司法院（2023）より作成

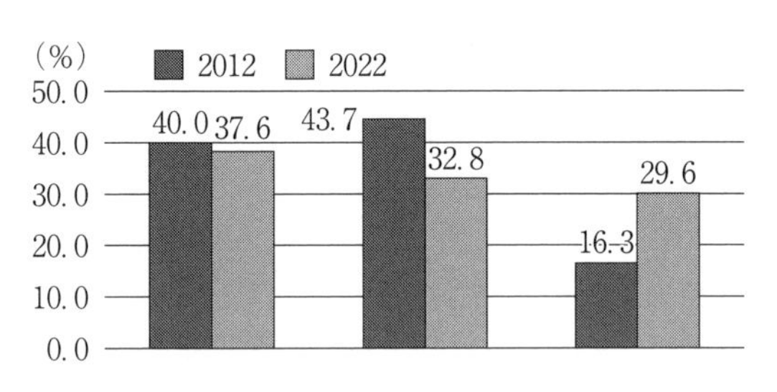

図9-2　協議離婚の親権取り決め

出典）司法院（2023）より作成

協議離婚においては，図 9-2 に示したように，2022 年における親権の取り決めは，父親が 32.8％で，母親が 37.6％を占めており，これは 2012 年の父親 43.7％，母親 40.0％と比較して，それぞれ 10.9％ポイント，2.4％ポイント減少している。

とくに注目すべきは，共同親権の割合が増加している点である。裁判離婚の場合（図 9-1），2012 年には共同親権はわずか 2.0％しか占めていなかったが，2022 年には 13.9％に上昇し，11.9％ポイント増加している。一方，協議離婚の場合（図 9-2），2022 年には共同親権が 29.6％を占めており，これは 2012 年の 16.3％から 13.3％ポイント増加している（司法院　2023）。このことから，台湾では，両親が共同で子どもを監護する親権の取り決めがますます一般的になっていることがわかる。

2. 3　国際結婚の増加

台湾では1980年代初頭から台湾人男性と外国人女性との国際結婚がみられるようになり，1990年代末から2000年代前半において急激に増加した（横田 2021：237）。外国人配偶者は2023年5月までに584,124人に増加した。大別すると，中国籍（香港，マカオ籍を含む）が379,280人で64.9％を占め，外国籍が204,844人で35.1％を占めている。中国籍の中で，定住証を取得した帰化者は155,060人，在留資格者は115,383人，訪問入国者は108,837人である。一方，外国籍の中で，国籍を取得した帰化者は138,595人であり，在留資格者は66,249人である。また，外国籍の中で，多い順にベトナムが114,253人で19.56％，インドネシアが31,521人で5.4％，フィリピンが11,161人で1.9％，タイが9,897人で1.7％を占めている（内政部移民署　2023）。

とくに，台湾の国際結婚は，長年にわたり仲介業者の斡旋による「**業者婚**（brokered marriage）」（仲介業者を介して知り合い，結婚すること）が多いのが特徴である（横田　2021：237）。「外国籍及び中国籍配偶者の生活状況調査（2004）」によると，調査対象者の台湾人配偶者の5割が中卒・小卒者となっていること，マイノリティ[4)]に数えられる人が約2割含まれていることなどから，比較的結婚が難しい層が国際結婚を選択していると推測されている（横田 2021：243）。「業者婚」とは，外国人女性と結婚することで，十分な福祉機能をもつ家族を作ろうとする動きであり，晩婚化，非婚化，少子化に際して台湾人がとった対応のひとつである。人が生きていく上で必要なもので，家族により提供される機能には，子供の出産，家事・育児，介護，性的サービス，そして親密さがある（横田　2021：245-246）。介護（家事）だけなら外国人労働者を雇用し，それ以上の親密さを求めるなら国際結婚というように，台湾では「家族化」することを外国人に依存していることが指摘されている（横田　2021：245-246）。

2. 4　同性婚をめぐる動向

台湾では2017年，司法院大法官会議（憲法裁判所に相当）が**同性婚**を認めないのは違法だと判断し，政府は2019年5月24日までに法改正するよう義務づけられ，同性による婚姻が法的に保障された。それにより，台湾はアジアではじめて同性婚の合法化を実現した。内政部（2023）の統計によると，2019 年 5 月 24 日の法案成立後から 2022 年末までに，女性同士の結婚が 6,842 組（70.7 %），男性同士の結婚が 2,838 組（29.3%），合計で 9,680 組の同性カップルが結婚した。そして，同性婚の中止（離婚）は合計で 1,602 組，その内男性同士は 434 組，女性同士は 1,168 組である。

同性婚に関わる法的整備が進んで，同性婚の人数も増加する傾向を示しているが，同性による婚姻の合法化に対する国民の意見はどうなっているのだろうか。行政院男女平等局（日本の男女共同参画局に相当）が行った世論調査[5)]によると，同性カップルが結婚する法的権利をもつべきだという意見に 60.9%の国民が賛成したことが示され，これは同性婚法案成立前の 2018 年調査の 37.4%から 23.5%ポイント，また，2021 年調査より 0.5%ポイント上昇する結果となった。同性カップルの結婚は「家族制度や倫理を損なう」という意見に，賛成 41.4%，反対 57.0%となり，これは 2021 年の調査結果と比較すると，反対の割合が 54.1%から 57.0%と若干増えている。しかしながら，両年度の結果には統計的に大きな差はなかった。さらに「同性カップルにも養子縁組の権利を与えるべき」に賛成した人が 71.0%，「同性カップルでも同じように子育てができる」という意見には 71.8%が賛成であった。同性カップルが家族をもつ権利，養子縁組や子育てをする権利は平等であるべきだという認識も広まっており，社会的受容が進んでいると推測できる（The News Lens Japan　2022）。

3 家族に関する実態

3. 1　少子化の進行

1990 年代以降，出生率は低下し続けており，少子化が進んできた。2009 年の**合計特殊出生率**（TFR，女性が一生の間に産む平均の子供数の近似値）は 1.000 と世界最低となった。2010 年の合計特殊出生率は干支の影響もあり 0.865 と低下し，史上例をみないほどの低水準に落ち込んだ（内政部　2023）。2022 年の合計特殊出生率はさらに0.855まで減少している（内政部　2023)。

台湾の出生率が急激に低下した後，現在もきわめて低い水準にとどまっている要因については，さまざまな側面から分析され，女性の高学歴化，女性をめぐる労働市場の環境の変化，育児コストなどが挙げられる（可部　2013：48)。

Practice Problems　練習問題 ▶1

出生率の低下は，子どものいる家庭に優しくない社会経済制度に起因すると指摘されている。どのような社会保障制度が子どものいる家庭に優しいといえるだろうか。具体的に考えてみよう。

3. 2　高齢化の進行

台湾では1990年代以降，高齢化が急速に進み，平均寿命は2022年時点で79.8歳（女性83.3歳，男性76.6歳）に達し，高齢化は避けられない問題となった。高齢化率（総人口に占める65歳以上人口の比率）は上昇しつつあり，2021年に17.6%となり，2025年には20%を超える超高齢社会に突入する見込みである。そして，そこに「少子化」の問題も加わって，2040年には，若者2人で1人の高齢者の世話をする状況になるといわれている。総人口については，2020年を境に減少が始まり，2021年12月末までの総人口は2,337万5,314人となり，2020年末に比べ18万5,922人減少し，1日平均509人の減少がみられる。

高齢化とともに，高齢者の経済保障と医療・介護をどうするかという困難な事態に直面している。2022年時点で，要介護の高齢者は82万人を超えている。以前は，親が高齢になっても親と同居する家族が多かったため，家族が介護の役割を果たしていた。しかし，核家族化が進み，高齢の親と同居する家族が減り，共働き世帯が増えた現代では，家族における介護の担い手が少なくなり，家族が介護を担うことはもはや期待しにくくなっている。「老人状況調査報告」（衛生福利部　2018：13）では，65歳以上の高齢者の中で，高齢者介護施設に入居しているのは1.9%にとどまっているが，ひとり暮らしの高齢者や配偶者と同居する高齢者は平均で29.4%と増加し，中でも台湾の南部地区や東部地区では3割を超えている。

このような状況の中で，家族は高齢者介護にどう対応するのか。社会の変化に応じて家族介護がどう変化してきたかについては第5節で説明する。

3．3　世帯規模の縮小

台湾における家族形態の変化に関しては，世帯規模が縮小しており，三世代世帯や核家族世帯の一般世帯数に占める割合が減少する一方で，単独世帯が急増している。下記の表9-1に示しているように，2001年時点では，「核家族(47.1%)」と「三世代世帯（15.5%)」が合わせて全世帯の6割以上（62.6%）を占めていたが，その後減少の傾向を示し，2021年時点では，「核家族」世帯の割合は33.0%に，「三世代世帯」の割合も11.7%に低下している。一方で，「単独世帯（14.0%)」,「夫婦世帯（20.3%)」,「ひとり親世帯（10.8%)」の割合が増加していることがわかる（行政院　2023)。

注目に値するのは，「ひとり親世帯」の数が増加しており，2015年には全世帯の1割を超え，さらにその数が増加しているという点である。2021年現在では，ひとり親世帯は全世帯の10.8%を占めている（行政院　2023)。ひとり親世帯の中で（2020年11月時点)，母子世帯数は44.4万世帯（74.4%)，父子世帯数は15.3万世帯（25.6%）であることが分かる[6)]。ひとり親になる要因としては，未婚あるいは離婚（別居を含む）が全体の52.0%を占め，死別が全体の48.0%となっている（行政院主計處　2023)。

3．4　性別役割分業の実態

従来の「男は仕事，女は家庭」という固定的な性別役割分業を支持する意識は薄れつつあり，女性が仕事をもつことに対する理解が進み，男性にも家庭を

表9-1　台湾の家族形態の変化（2001年，2011年と2021年）

年度	単独世帯	夫婦世帯	ひとり親世帯	核家族――夫婦と子供の世帯	祖父母と孫の世帯	三世代世帯	その他	合計
2001	10.7	13.0	7.7	47.1	1.1	15.5	4.8	100
2011	10.1	17.1	9.3	40.2	1.2	15.1	7.0	100
2021	14.0	20.3	10.8	33.0	1.0	11.7	9.3	100

出典）行政院（2023）より作成

重視する意識がみられるようになっている。共働きは当たり前の働き方となっている。台湾の女性の就業率（15歳以上の女性の就業者数／15歳以上女性の人口×100）は，1980年では38.7％だったが，2022年に49.7％に増加した（勞動部 2023）。

なお，「2019年15～64歳の女性の生活状況調査」によると，15～64歳の既婚女性（有配偶の女性および同棲している女性）の中で，就労している女性は77.5％を占めているが，1日あたりの無償労働（子供や老人などの家族成員の世話，家事などを含む）の平均時間は4.4時間であるのに対して，その配偶者（同居のパートナーを含む）の1日あたりの無償労働は平均1.5時間である（衛生福利部　2020）。

Practice Problems　練習問題▶2

共働きが当たり前となっている今，どのように仕事と家族を両立するかは女性だけの問題ではなくなっている。安定的な家庭を築いていくために，どのような性別役割分業の意識改革が必要だろうか。具体的に考えてみよう。

4　家族と育児

4. 1　子育て支援サービス

台湾は近年，子どものいる家庭に優しくない社会保障制度を改善するための努力がなされている。子育て支援サービスを概観すると，① 金銭的支援（児童手当など），② 休暇（出産・育児休業制度），③ 保育サービス，に分けられる。

① 金銭的支援：低所得の家庭向けの育児手当（2022年における手当額は1ヵ月ひとりあたり2,802元），幼稚園・保育所の通園費の補助，小学生・中学生への就学手当（2022年における手当額は1ヵ月ひとりあたり6,358元）などである。

② 休暇：出産休暇（女性は出産前後に8週間の出産休暇，その夫は3日間の同伴休暇を取得できる）。育児休暇（2009年から有給化。育児休業前の半年間の平均給与の6割を，最長6ヵ月間にわたって補償する）。

③ 保育サービス：2001年に「社区保母系統」(社区保母は自宅でベビーシッターをする保母さんを指す。各自治体が所管内の保育ニーズを勘案して，保母さんを地域ごとに整備し，保母さんの登録・管理および保育状況の把握，研修・訓練，監督・指導を行う地域型保育システムである）が実施された（宮本 2013：42)。2023年2月現在，「社区保母系統」は全国7ヵ所に設置され，27,134人の有資格の保母さんが加入しており，保育児童数は約2.5万人である（衛生福利部　2023a)。

4．2　少子化対策の動向

年々新生児数が減少する状況は，育児にやさしい環境を整える政策を促進し，2018年からは「我が国の少子化対策計画（2018-2024)」が実施された（教育部ほか　2022)。そこで打ち出された措置は主に，公共化された教育と保育サービスの拡大，私立の「幼児園」と私立の託児施設の「準公共化」，および育児手当の拡大である。公共化された教育と保育サービスの拡大において，具体的には公設民営の託児施設，並びに公立の「幼児園」(幼稚園と託児所が統合した施設）と非営利の「幼児園」の増設である。私立の「幼児園」と私立の託児施設の「準公共化」において，政府は，資格をもつ保母さん，私立の託児施設，私立の「幼児園」と契約したり，補助金（保護者負担軽減補助金）を提供したりすることで，保護者の託児・育児費用を一部負担する。また，上の育児手当を拡大し，政府は上述した育児手当を支給する対象となる家庭の資格制限を緩和した。以上の支援策で出生率を引き上げることが目指されている。

5　家族と介護

5．1　家族扶養形態の変化

前述した家族扶養のあり方は21世紀に入ってから，どのように変化しているのか。横田祥子（2011：14）は2008年に台湾中部の台中県で実施した調査から，台湾の漢民族において，家族が高齢者に提供する扶養・介護の形態は，伝統的な財産分与と扶養様式を援用した形態であることを指摘した。台湾の家族においては，財産分与時には，家屋・土地はもちろんのこと家財道具一切を平等に分割せねばならないという価値意識がある。親は自らの財産を息子たちに与えた後，子どもの中でもとくに息子の扶養の下で生活することになる。要するに，財産の均分相続（第1節で説明したが）から派生して老親の扶養を均等に負担する規則がある。扶養の均等な負担は，当然のことながら介護負担にも及んでいる。息子が交互に両親の面倒をみることを「輪食」（交代制扶養）というが，同様の原理で介護することを「輪照」（交代制介護＝交互に面倒をみる，ケアをする）という。「分家」後，そうした「家族的セーフティネット」が形成されるようになったという。その背景としては，親孝行するという観念がきわめて強いことが挙げられる。「親孝行」を実践し，公共福祉サービスを活用しながら扶養や介護が続けられているのである。

具体的には，人びとは各々の就業・経済事情に応じて以下のような方策をとっている。家庭内部においては，東南アジア系を中心とする外国人介護労働者を雇用し，住み込みの形で高齢者を介護する。家庭外部においては，デイケア利用，介護施設入所などがある。このように，こうした家族的セーフティネットが老親扶養を支えている。そのすぐれた点は，従来の扶養・介護形態の特質にある。つまり，複数の息子が老親の扶養・介護を分担するため，各人の負担が小さいことが挙げられる。また，高齢者が子どもからの定期的な仕送りを見込める場合，複数の財源を有することになり，経済的な安定が確保されるという長所がある。さらに，今日では介護労働を外部委託する例が増えたが，この場合でも介護費用の支払いや見舞いを順番に担当することにより，負担が一極集中しないように分散化できている（横田　2011：13）。

5．2　高齢者の介護を支える外国人労働者

1980年代以降，急速な経済発展が進み，労働力の需要が高まる中で，東南アジアからの出稼ぎ女性を自宅で雇い，家事や育児，介護を担当させることが増えるようになった。そして，1992年には正式に外国人労働者が導入され，大まかに「産業系外国人労働者（「産業外労」と略す）」と「社会福祉系外国人労働者（「社福外労」と略す）」に分類された。社福外労は女性の社会進出によ

って家族機能や家族の支援が減少したことが背景となり，最初は「住み込みの家政婦」が多かったものの，高齢者介護の需要増加にともない，家族による介護の担い手が不足し，介護が社会的な課題となってきた。そのため，**外国人介護労働者**（「外籍看護工」とも称される）を雇用するケースが増え，主に高齢者の自宅で住み込みの形で働くことが一般的になった（「家庭看護工」）。同様に，介護施設でも人手不足を補うために外国人介護労働者の雇用が増加している（西下　2022：195-205；國家發展委員會　2023）。2022年末までには，外国人労働者の人数は69.7万人となり，そのうち「社福外労」が22万人を占め，その内訳として家庭で介護を行う住み込みの「家庭看護工」がおよそ20万人であると推定されている。国籍別にみると，インドネシアが約75%を占め，次にフィリピンが13%，ベトナムが12%となっている（國家發展委員會　2023a）。

台湾では，職種を問わず，すべての外国人労働者を「移工」と呼び，一般的には「外労」と略してよばれる。とくに女性の「家庭看護工」に対しては，フィリピン籍の場合は「マリア」，インドネシア籍の場合は「A-Di（アディ）」という愛称でよばれることもある。家庭における外国人介護労働者の雇用は，子世代による親の在宅介護を可能にし，高齢者と子世代の双方にとって「心理的安心感・満足感」と「時間的利便性」を提供する役割を果たしてきた。さまざまな問題を抱えながらも，台湾の外国人労働者はすでに重度要介護者に対する重要なケア提供者となっており，介護施設でも安定した雇用を提供する労働力として存在している（城本　2018：119）。現在，「家庭看護工」を雇用する際には，外国人労働者雇用基金の費用や住み込みの生活費などを含め，月に12万円ほどが必要とされている。台湾における平均給与は約20万円程度であり，一般の国民にとっては決して軽い負担ではない。

5. 3　公共介護サービス

台湾では，高齢者福祉施策の強化を目指し，2007年に老人福祉法が改定された。翌年には「長期介護十ヵ年計画」が施行され，2015年6月に「長期介護サービス法」が国会で可決された（荘　2015：206-210）。そして，2007年から「**長期介護十年計画**（2007～2016年）」（「長期介護1.0」）によって積極的に長期介護政策に取り組み，2017年から「**長期介護十年計画2.0**（2017～2026年）」を継続的施策として実施している（莊・趙　2022：30）。

台湾では現在，急速に少子化が進行しているため，介護において子どもに頼る方法を選ばず，在宅介護や外国人労働者による介護，入所型介護施設を選ぶ人が増加している。公共介護サービスは，**施設介護サービス**，**在宅介護サービス**，および**コミュニティ介護サービス**の3つに大別して実施されている（莊　2010：33-55；莊　2022：1-5）。

施設介護サービスのひとつである入所型介護施設は，入居対象者の特性に応じて「長期介護施設」，「安養施設」，「その他の老人福祉施設」に分類され，また「長期介護施設」には「介護型」，「養護型」および「認知症介護型」の3つのタイプがある。日本の入所型老人福祉施設との比較において，「介護型」施設（long-term care institution）と「養護型」施設は「特別養護老人ホーム」に対応する。「認知症介護型」は「グループホーム」と類似する位置づけである。そして，「安養施設」は日本の「養護老人ホーム」や「有料老人ホーム」と同等の役割を果たしている。台湾の入所型介護施設は，2022年6月末までの時点で合計1,567施設，109,221床あり，入居率は平均して約8割に達している（衛生福利部　2022b；衛生福利部　2022c；退輔會　2022）。

在宅サービスは高齢者のニーズと地方自治体の財源，福祉人材によって展開されており，ホームヘルパーやボランティアなどを通じて，地域に住む高齢者の自宅で，さまざまな介護サービスを提供する。主なサービスには，訪問介護（食事の提供，洗濯，買い物，掃除など），心のサポート（生活相談，電話相談など），外出の付き添い（買い物，看病，散歩など），生活用具の提供（高齢者に適したベッドなどの日常生活に必要な物品の提供）などが含まれる。また，「介護管理センター」が設置されており，在宅サービスの推進と並行して，家族介護者に対して介護相談や介護情報を提供している。また，在宅サービス支援センターは，ホームヘルパーに対するサービス支援の拠点として機能している。

コミュニティサービスには，老人保護サービス（虐待されている高齢者への支援や緊急救援サービスなど），給食サービス（集中給食と在宅給食），デイサービス，そして短期介護や臨時介護などが含まれている。

現在，入所型介護施設の利用者は，要介護者の11%にとどまり，日本の20%程度と比較してそれほど高いとはいえない。その一因は，入所への意欲が低いことが挙げられる。2018年の「高齢者状況調査報告」の結果によると，「『65歳以上』の一般住宅に住む高齢者が介護施設に入居する意向とその理由」を調査したところ，介護施設への「入居を希望する人」が35.3%で，「入居を希望しない人」が56.4%であった。そのうち，入所をためらう理由は以下の通りである。「負担が重い」が12.9%，「親族や友人が同居していない」が6.5%，「施設のサービス品質が低い」が4.3%，「施設での生活が自由でないと感じる」が8.5%，「他人に子どもが親孝行でないと言われるのではないかと心配」が5.9%，「多くの人と同居することが好きではない」が6.6%，「施設は孤立した高齢者が利用するものだと思う」が5.3%，「慣れ親しんだ環境で暮らしたい」が3.1%などである。しかし，特筆すべきは，調査において，「『55～64歳』の一般住宅に住む人々が介護施設に入居する意向とその理由」を尋ねたところ，介護施設への「入居を希望する人」が48.7%，「入居したくない人」が48.5%であったことである。

この調査結果からは，次世代の高齢者において，介護施設への入居を希望する意向が増加していることがわかる。また，高齢者自身が介護施設への入居をためらう理由における「負担が重い」などの経済的要因は，関連する福祉制度の支援によって解決の余地がある。そのため，施設入居に対する補助も2021年から強化され，介護施設入居が90日を超える場合，世帯の収入に応じて最大約27万円／年までの一括補助が提供されている。この補助額は，2023年から50万円ほどまで増額される計画である。

さらに，「施設のサービス品質が低い」，「施設での生活が自由でないと感じる」，「多くの人と同居することが好きではない」といった理由についても，事業者の取り組みによって改善される可能性がある。将来的には，介護施設ケアの比率が増加し，徐々に人びとに受け入れられるようになっていくことが期待される。

6 家族に関わる問題

6. 1　貧困をめぐる問題

現代の家族はさまざまな課題に直面し，なかでも貧困問題は家族の安定に衝撃を与える重大な問題である。以下で，その実状をみてみよう。

台湾は現在，高度な経済成長を遂げた国とされているが，依然として一部の家族においては深刻な貧困の問題が存在している。また近年，所得格差の拡大が指摘されている。2021年の国民年所得を5分割すると，最低所得層の世帯の平均年間所得は約165万円（35.8万元）であり，最高所得層の世帯の平均年間所得は1,002万円（220.5万元）となっており，所得格差は最大で6.15倍に達していることが報告されている。また，世帯の平均年間貯蓄額からみると，最高所得層の世帯の平均年間貯蓄額が83万元で，世帯の平均年所得の1,002万円から換算すれば，貯金率は37.6%に達している。それに対して，最低所得層の世帯は貯蓄ができない状況である（國家發展委員會　2023b）。さらに，低収入世帯数およびその人数（Households and Persons of Low-Income Families）は2022年末までに14.6万世帯，27.6万人に達している。これは総世帯数の1.61%，総人口の1.19%を占めている（衛生福利部　2023a）。

以上のことから，台湾における世帯の所得の二極化が非常に深刻であることがわかる。社会の最低所得層に位置する世帯の中には，高い割合で高齢者，障害者，病気を抱えた人びとが含まれている。これらの家庭では，労働能力に問題があるか，収入が急激に減少している状況にある。また，現在，非正規雇用の割合（7.13%）が増加しており，一部の国民は，雇用はあるものの，ますます貧困化している。

2018年から「社会安全ネット強化計画」が開始され，その後も継続的施策である「社会安全ネット強化計画第二期（2021-2025）」が2021年から実施されてきた。これらの計画では，各地方政府が民間団体や地域の資源と連携し，教育への投資，自立した雇用，資産の蓄積，コミュニティ産業，社会参加，およびその他の革新的で多様なまたは実験的な貧困脱却策を推進することが奨励されている（衛生福利部　2023b）。

6. 2　家族内の暴力をめぐる問題

台湾では，**家族内の暴力**の通報件数が年々増加しており，2022年には19.2万件に達した。そのうち，パートナー間の暴力（離婚や同棲を含む）が15.6万件，児童虐待が2.5万件，高齢者への虐待が1.04万件，65歳以下の直系家族員への虐待が1.1万件，その他が3.4万件であった（衛生福利部　2023a）。

以下の資料9-1の新聞記事にあるような家族内の暴力はその一例である（自由時報　2022）。

台湾における家族内の暴力への対応策として，1998年には「家族内の暴力防止法」が施行され，家族内の暴力と性的被害の事案に特化した「**家庭内暴力および性的被害防止センター**（以下「**家防センター**」と略す）」の設置が決定された。この「家防センター」は家族内の暴力と性的被害の問題に専門的に取り組む機関として位置づけられ，弱者の市民を保護し基本的人権を守るという理念を，このひとつの窓口を通じて助けを求めることが可能であり，複数の行政機関（社会福祉，警察，医療，教育，司法などの部門）との連携を通じて緊急な援助，避難，医療，カウンセリング，法的支援などを提供する。また，2001年に運営を開始した「113ホットライン」（衛生福利部保護服務司よる設置）が相談を受け付けている。このホットラインは，家族内の暴力，性的被害などに関する相談と通報を年中無休の24時間体制で行っている。さらに，前述した2018年から実施してきた『社会安全ネット強化計画』では，保護事業を主要な取り組みとして展開してきている（衛生福利部　2023b）。

ここまでみてきた点からわかるように，結婚・家族形成，家族の構造，そして育児や介護などの本来の役割の変化を通じて，台湾の家族は伝統的な文化の影響を受けつつ社会変動に適応し調整してきた。台湾の家族は社会情勢や環境によって変化しており，これからの時代の変化に合わせて，家族形態の多様化，世代間の関係性の変化などが絶えず進行していく。それらに応じるには，文化や社会の変化に対応しながら，家族の安定性を維持するための適切な公的支援が重要である。

資料9-1　新聞記事「100元が欲しかったから，反抗的な息子が母親を4階から突き落として転落死」

38歳の黄さん（男性）が，彼の母親に100元（台湾ドル）の食事代を求めるが拒否された後，70歳の母親周さんを突き落として殺害した。……

黄さんは何年か前に土城市にある銀行ビルで強盗をし，通行人や到着した警察に逮捕されたが，刑務所出所後も職を見つけることができず，飲酒の問題を抱え，家に引きこもったり，頻繁にお金を要求したり両親と口論したりしたため，彼の母親も裁判所に保護令を申請し，認められた。

検察の調べによると，2022年3月22日午後8時ごろ，黄さんは母親がバルコニーで向かいの公園の景色を眺めているのを見て，母親に食費として100元を要求したところ，母親は仕事を見つけるよう勧めたが，黄さんは拒否し，2人は口論になった。そして，黄さんはまず110番に「建物から飛び降り自殺しようとしている方がいて救助が必要なので，対応する人を派遣してほしい」と虚偽の通報をした後に，母親を突き落とした。彼の母親は死亡した。……

警察の調べによると，住宅4階の手すりに登った形跡はなく，事件後の黄さんの表情や態度が不合理で，言葉遣いも派手で供述に一貫性がないことが判明し彼を起訴した。……

出典）自由時報記事（2022年7月18日）より抜粋

注

1) 住民は原住民族（高山族，平埔族など全16族），漢民族（台湾に戦前から居住する本省人と戦後大陸から渡ってきた外省人）に大別されている。漢民族である本省人が台湾で約85%を占めており，大雑把に本省人は福建（閩南）系と客家系に分かれる。なお，外省人は約13%，原住民族は約2%である。

2) 宗族組織とは，『社会学辞典』によれば，中国の男系親族集団であり，本家と多くの分家（小家族）から成り，広義にはこの同姓の範囲を指すこともあるが，通常それより狭い，族譜，祖先祭祀（さいし），族産などをともにし，集団としてまとまっている単位を表し，本家の家父長（族長）が統率し，祖先崇拝という信仰で結びついている。

3) これらの特徴をそれぞれ簡単に説明する（林　1982：24-28)。「家父長制」とは，主に男性が支配的で特権的な地位を占める社会システムのこと。「女性の個性の抑制」とは，父権が強大であり，女性の地位が低いこと。「同居家族」とは，多くの家族成員は皆ひとつの家に同居していることが望ましいと考えられていること。「家系の重視」とは，特定の家族，血族集団の中で同一の階級または地位，氏，家名，家格，家業，家財の世襲での継承を優先すること。「家族同財」とは，原則として家長が共有の財産の管理者となり，家族成員はその収入の全部を家長に提供しなければならないこと。「孝の倫理」とは，家族内の関係では孝が人倫の根本であり，一切の行動の中で，孝がもっとも重視されるということである。

「厳父・慈母・長幼の序」とは，家族内の階級組織は身分，年齢などを重視すること。「家長による配偶者選択」とは，結婚は単なる個人の問題ではなく，家族成員のひとりになるということであるために，子女の結婚相手は父母によって決定されること。「位牌祭祀」とは，祖先の恩を忘れさせないために，家で祖先の位牌をおくこと（林 1982：24-28)。

4）その内訳は，1949 年の国民党軍の台湾への撤退に追随した外省人の男性である退役軍人が 9.6%，知的・身体障がい者が 9.0%，オーストロネシア語系先住民族が 0.9%を占めていた。

5）調査対象者は 20 歳以上。電話調査（CATI）によるランダムサンプリングで，2022 年 5 月に実施されており，有効サンプル数は 1,076 件であった。

6）台湾におけるひとり親世帯とは，ひとり親（父親または母親）とその未婚の子どもを主な家族成員とする世帯を指し，ひとり親の婚姻状況は未婚，離婚（別居を含む)，死別のいずれかである。

参考文献

【中国語文献】

内政部，2022，「内政統計通報 111 年度」(2023 年 7 月 10 日取得，https://www.moi.gov.tw/cl.aspx?n=15288）

──，2023，「人口統計資料」(2023 年 7 月 02 日取得，https://www.ris.gov.tw/app/portal/346）

内政部移民署，2023，「統計資料」(2023 年 7 月 02 日取得，https://www.immigration.gov.tw/5385/7344/7350/8887/?alias=settledown）

司法院，2023，「地方法院離婚事件子女監護權歸屬比率」(2023 年 8 月 02 日取得，https://www.judicial.gov.tw/tw/cp-2270-840433-c39e6-1.html）

行政院，2017，「婦女婚育與就業調查報告」(2023 年 8 月 15 日取得，https://www.taoyuanwdc.org/PublicFiles/Attachs/2018/24-3B01921538DD46C.pdf）

──，2023，「重要性別統計資料庫─國内指標─婚姻與家庭」(2023 年 7 月 03 日取得，https://www.gender.ey.gov.tw/gecdb/Stat_Statistics_Query.aspx?sn=ggIwOmCyJPzbdaP5QZTUMQ%3d%3d&statsn=iGJRpsNX45yniGDj%2bw1ueQ%3d%3d&d=&n=208751）

行政院主計處，2023，「主計總處統計專區─人口及住宅普查」(2023 年 10 月 26 日取得，https://www.stat.gov.tw/News_Content.aspx?Create=1&n=2755&state=1327FD6AD8DCDA52&s=230300&ccms_cs=1&sms=11065）

自由時報，2022，「只因要不到 100 元 逆子竟將老母推下 4 樓摔死」(2023 年 9 月 30 日取得，https://news.ltn.com.tw/news/society/breakingnews/3996066）

退輔會，2022，「統計資訊處─所屬安養機構就養榮民人數」(2022 年 11 月 10 日取得，https://www.vac.gov.tw/cp-2003-2895-1.html）

莊秀美，2008，『長期照顧機構服務變遷發展之研究─單位照顧（unit care)，團體家

屋（group home）的實踐理念及前瞻趨勢之分析』松慧有限公司
――，2022，「日本住宿型長期照顧機構―日本發展經驗可能提供的借鏡」『宜蘭縣111年度長照法人及附設住宿機構研習營演講』於宜蘭縣史館會議室
教育部・衛生福利部・勞動部・内政部・國防部・財政部・經濟部・科技部・交通部・行政院人事行政總處，國家發展委員會，2022，『我國少子女化對策計畫（2018-2024）』（2023年7月28日取得，https://www.sfaa.gov.tw/SFAA/Pages/Detail.aspx?nodeid=1057&pid=10375#）
勞動部，2023，「勞動統計查詢網」（2023年10月27日取得，https://statfy.mol.gov.tw/statistic_DB.aspx）
國家發展委員會，2023a，「人力資源發展―國際人力移動―移工人數」（2023年7月6日取得，https://www.ndc.gov.tw/Content_List.aspx?n=421CC0712EC314BD）
――，2023b，「所得分配―我國所得分配變動趨勢」（2023年7月20日取得，https://www.ndc.gov.tw/Content_List.aspx?n=CA9C45D4E4150412）
衛生福利部（MOHW），2018，『老人狀況調查』（2023年06月05日取得，https://dep.mohw.gov.tw/DOS/lp-5095-113-xCat-y106.html）
――，2020，『中華民國108年15-64歲婦女生活狀況調查報告』（2023年6月25日取得，https://dep.mohw.gov.tw/DOS/lp-5097-113.html）
――，2022a，「高齢及長期照顧統計專區―老人長期照顧，安養機構概況」（2022年11月10日取得，https://dep.mohw.gov.tw/dos/cp-5223-62358-113.html）
――，2022b，「高齢及長期照顧統計專區―老人長期照顧，安養機構概況」（2022年11月10日取得，https://dep.mohw.gov.tw/dos/cp-5223-62358-113.html）
――，2022c，「衛生福利統計調查―醫事機構服務量調查―醫療機構現況及醫院醫療服務量統計」（2022年11月10日取得，https://dep.mohw.gov.tw/dos/cp-5223-62358-113.html）
――，2023a，「社會福利公務統計」（2023年7月25日取得，https://dep.mohw.gov.tw/DOS/cp-5337-62357-113.html）
――，2023b，『社會安全網』（2023年8月1日取得，https://topics.mohw.gov.tw/SS/mp-204.html）

【日本語文献】

可部繁三郎，2013，「台湾の少子化と子育て支援環境」『人口学研究』49：47-62
林顕宗，1982，「産業化社会における宗族組織の適応形態―台湾の場合―」『日本國立九州大學社會學研究年報』12：69-91
宮本義信，2013，「台湾の子育て支援施策の新動向―低年齢児保育対策を中心に―」『同志社女子大学生活科学』46：36-45
西下彰俊，2022，『東アジアの高齢者ケア―韓国・台湾のチャレンジ―』新評論：195-205
城本るみ，2018，「外国人介護労働者の受け入れに関する課題―台湾の経験から―」『人文社会科学論叢』4：101-122

荘秀美，1997，『高齢者福祉モデルのアジア的諸形態に関する研究―日本社会と華人社会との比較分析―』久留米大学大学院比較文化研究科博士論文
――，2010，「台湾における高齢者福祉政策の推移と発展―介護保険法の構築に向けて―」三浦典子編著『台湾の都市高齢化と社会意識』渓水社：33-55
――，2015，「台湾の介護保険制度案をめぐる議論と課題」『介護保険白書 2015』本の泉社：206-216
荘秀美・趙碧華，2022，「台湾介護政策の展開とケアマネジメントをめぐる問題―地域包括ケアの実現に向けて―」『地域連携教育研究』15：30-39
The News Lens Japan，2022，「同性婚合法化から 3 年，7757 組が結婚 世論調査では 6 割以上が賛成―台湾―」（2023 年 7 月 20 日取得，https://japan.thenewslens.com/article/2309）
横田祥子，2011，「台湾漢族の高齢者の扶養形態―『輪食』から『輪照』へ―」『貿易風―中部大学国際関係学部論集―』6：62-76
――，2021，「家族の行方―台湾の国際結婚」『中国 21』54：237-252

自習のための文献案内

① 西下彰俊，2022，「東アジアの高齢者ケア―韓国・台湾のチャレンジ―」新評論
② 城本るみ，2018，「外国人介護労働者の受け入れに関する課題―台湾の経験から―」『人文社会科学論叢』4：101-122
③ 荘秀美・趙碧華，2022，「台湾介護政策の展開とケアマネジメントをめぐる問題―地域包括ケアの実現に向けて―」『地域連携教育研究』15：30-39
④ 横田祥子，2021，「家族の行方―台湾の国際結婚―」『中国 21』54：237-252

①は，台湾の介護システムの全体像を実証データに基づいて浮き彫りにした比較福祉社会学研究である。台湾が乗り越えるべき課題とその展望を具体的に提示し，患者自主権利法に基づいて，「豊かな死」の社会的基盤を整備する台湾の先進的な姿勢も紹介している。台湾の介護システムを勉強するのに役に立つ。②は，台湾における外国人介護労働者の受け入れに関する背景，特徴などを詳しく分析したものであり，台湾の外国人介護労働者に関連する課題を学ぶのに役に立つ。③は，台湾における介護政策の展開の中で，ケアマネジメントの実践をめぐる課題を考察するものであり，台湾の長期介護計画 2.0 に導入された地域包括ケアの実現に向けて，ケアマネジメントに関連する課題について学ぶことができる。④は，30 年余り続いている台湾の国際結婚を総括して考察したものであり，台湾の国際結婚における独特な社会現象について学ぶのに役に立つ。

索　引

あ 行

有賀喜左衛門……12
家（イエ）……10
育児（サポート）ネットワーク……30
育児サロン……35
育児不安……30
石川准……54
異性愛規範……116
一時預かり……38
1.5 世代……163
移民……157
移民の女性化……158-159
医療化……94
医療ツーリズム……104
上野千鶴子……20
選び取る家族……120
LGBT……113
エンゼルプラン……51
岡原正幸……54
落合恵美子……14, 32

か 行

介護……170
外国人介護労働者……188
核家族……10, 32
核家族化……138
拡大家族……32
家事分担……121
春日キスヨ……57
家族機能を外部化……30
家族再統合……169
家族周期……16
家族制度……10
家族戦略……140
学校外の教育機会……78
家庭内暴力および性的被害防止センター（家防センター）……192
疑似親族……164
擬制的親子関係……29
キテイ，E.……65
協議離婚……165
業者婚……181
強制的性愛……116
共同親権……179
近代家族……14, 30, 54, 118
ケアレジーム……48
結婚移住……159
結婚移民……157
広域避難……143
合計特殊出生率……182
国際移動……158
個人化……137, 140, 151
コミュニティ介護サービス……189

さ 行

最小結婚……128
再生産……29
在宅介護サービス……189
在留資格……158
思春期……170
シスジェンダー規範……116
施設介護サービス……189
児童手当……36
死別……73
集団……10
主観的家族論……20
出自を知る権利……101
障害児福祉……57
障害の個人モデル……52
障害の社会モデル……52
小家族……10
女性の社会進出……165

進学率……81
シングルマザー……166
人工授精……92
人工妊娠中絶……165
身体の商品化……104
鈴木栄太郎……10
生-権力……94
性自認……114
生殖技術……91
生殖ツーリズム……104
生殖補助医療……92
性的指向……114
性的マイノリティ……113
性同一性障害の性別の取扱いの特例に関する法律……124
セクシュアル・マイノリティ……21
専門職支配……107
送金……170
ソーシャル・サポート……59

た 行

体外受精……92
第三者が関わる生殖補助医療……92
対人性愛中心主義……130
代理出産……92
代理母……92
田淵六郎……140
地域子育て支援拠点……35
長期介護十年計画……188
長期介護十年計画 2.0……189
町内会……172
直系家族制……10
土屋葉……56
同性婚……181
透明な自己……65
ドゥーリア……67
特定非営利活動促進法（NPO 法）……51
都市的生活様式……151
戸田貞三……9
ドナー……92
鳥越皓之……12

な 行

二次的依存……66
人間性愛規範……130

は 行

バウマン，Z.……138
パートナーシップ制度……125
東日本大震災……137, 141, 149
PTA……172
病児保育……39
貧困率……74
ファインマン，M.……24, 128
フィリピン……157
フィンレージ……108
夫婦家族制……10
不可避の依存……66
フーコー，M.……94
藤原里佐……57
不妊症……94
ブレイク，E.……127
ベック，U.……106, 138
母子関係……168

ま 行

ママ友……172
村……12
面会交流……77
森岡清美……10, 139

や 行

山田昌弘……20, 138
ヤングケアラー……81
養育費……75
要田洋江……55

ら 行

ライフコース……16

ライフサイクル……………………………………16
離婚…………………………………………73, 164
リプロダクティブ・ヘルス／ライツ……102
輪食制………………………………………………178
恋愛的指向…………………………………………114
恋愛伴侶規範………………………………………128

編・著者紹介

＊山下亜紀子（はじめに，第1章，第3章）
宮崎県生まれ，九州大学人間環境学研究院　准教授
専攻　家族社会学，福祉社会学，地域社会学
主な著書・論文　「母親たちの頼みの綱となる障害児親の会―宮崎県の障害児・障害児家族の団体A，Bを事例として―」日本社会分析学会監修，室井研二・山下亜紀子編『シリーズ生活構造の社会学2　社会の変容と暮らしの再生』学文社，2022年
「家族によるケアと地域の共同性―高齢者・子ども・障害児のケアから―」『社会分析』48号，2021年
「発達障害児の母親の生活実態とQOL―日本語版社会的ケアQOL尺度（ASCOT Carer）を用いた調査の分析―」『人間科学共生社会学』11号，2021年

＊吉武理大（第4章）
長崎県生まれ，松山大学人文学部　准教授
専攻　家族社会学，福祉社会学
主な著書・論文　「子どもの貧困と支援」吉武由彩編『入門・福祉社会学―現代的課題との関わりで』学文社，2023年
「母子世帯の母親の孤独感と社会関係」日本社会分析学会監修，室井研二・山下亜紀子編『シリーズ生活構造の社会学2　社会の変容と暮らしの再生』学文社，2022年
「貧困母子世帯における生活保護の受給の規定要因―なぜ貧困なのに生活保護を受給しないのか」『福祉社会学研究』16号，2019年

益田　仁（第2章）
広島県生まれ，中村学園大学教育学部　講師
専攻　福祉社会学

藤田智子（第5章）
東京都生まれ，九州大学大学院比較社会文化研究院　講師
専攻　家族社会学，ジェンダー論，オーストラリア研究

松浦　優（第6章）
福岡県生まれ，九州大学大学院 人間環境学府 博士後期課程
専攻　社会学，クィアスタディーズ

速水聖子（第7章）
鹿児島県生まれ，山口大学人文学部　教授
専攻　地域社会学，コミュニティ論

高畑　幸（第8章）
大阪府生まれ，静岡県立大学国際関係学部　教授
専攻　社会学，在日外国人研究（特にフィリピン人）

荘　秀美（第9章）
台湾宜蘭県生まれ，台湾東呉大学人文社会学院ソーシャルワーク学科　教授
専攻　社会福祉，高齢者福祉政策，高齢社会論，地域社会論，社会保険，ソーシャルワーク

（＊は編者）

『シリーズ　入門・社会学』（全5巻）
企画担当：山本努（神戸学院大学），吉武由彩（熊本大学）

「入門・社会学」シリーズ 3
入門・家族社会学 現代的課題との関わりで

2024年3月30日 第1版第1刷発行 〈検印省略〉

編著者 山下亜紀子
吉武 理大

発行者 田中千津子
発行所 株式会社 学文社
〒153-0064 東京都目黒区下目黒3-6-1
電話 03(3715)1501(代)
FAX 03(3715)2012
https://www.gakubunsha.com

Printed in Japan
印刷・亨有堂印刷所

ISBN978-4-7620-3255-4